BIBLIOTHÈQUE

DES ÉCOLES ET DES FAMILLES

J. GOURDAULT

NAPLES

ET LA SICILE

PARIS

LIBRAIRIE HACHETTE ET Cie

79, BOULEVARD SAINT-GERMAIN, 79

NAPLES

ET LA SICILE

Imprimeries réunies, B, rue Mignon, 2.

BIBLIOTHÈQUE
DES ÉCOLES ET DES FAMILLES

NAPLES
ET LA SICILE

PAR

JULES GOURDAULT

PARIS
LIBRAIRIE HACHETTE ET Cie
79, BOULEVARD SAINT-GERMAIN, 79
1889

NAPLES

ET LA SICILE

CHAPITRE PREMIER

Premier coup d'œil sur la Terre de labour. — Les bords du Liris. — Au mont Cassin. — Chronique d'un cloître bénédictin. — La vallée du Volturne. — Capoue la nouvelle et Capoue l'ancienne. — Ruines et souvenirs. — La ville de Caserte.

I

Quand, — il y a vingt-deux siècles et plus, — les Romains sortirent de leur Latium et virent pour la première fois cette belle et molle contrée de Capoue, dans les délices de laquelle Annibal, cent ans après, devait s'oublier tout un hiver avec son armée, ils poussèrent, disent les historiens, un cri d'admiration et de surprise. Qu'étaient les marécages du Tibre et les sombres forêts de l'Algide, comparés à ce jardin de l'heureuse Campanie, — *Campania felix*, — la « Terre de labour » par excellence, comme les modernes l'ont appelée?

Mais ces riants districts de l'Italie centrale, sur les rivages desquels planait la légende de Circé l'enchanteresse, Rome dut les disputer tout d'abord à ces durs Samnites des montagnes qui en avaient chassé les Étrusques, et qui, avant de renoncer à leur proie, eurent l'insigne honneur de prendre au filet, dans l'étroite passe des Fourches-Caudines, toute l'armée du consul Spurius Posthumius. La victoire finale, on le sait, demeura néanmoins aux Romains. La cité disciplinée de la plaine eut raison des tribus mal unies de l'Apennin, dont les restes se dispersèrent en *outlaws* dans les gorges du massif oriental, et dès lors les légions s'élancèrent, malgré Pyrrhus et ses éléphants, à la conquête des régions extrêmes de la péninsule qu'on désignait sous le nom de Grande Grèce.

Les siècles ont passé sur cette épopée guerrière. Le « beau champ clos » que le roi d'Epire avait laissé, en se retirant, aux soldats de Rome et de Carthage, a vu, depuis lors, de telles mêlées de peuples que l'histoire a peine à s'y reconnaître. Hordes germaniques, Normands, Sarrasins, Espagnols et Français, ont tour à tour engraissé de leur sang cette terre féconde et embaumée que caressent les tièdes souffles de l'Afrique. Derrière chaque ban d'envahisseurs, il n'est guère resté que des ruines; de la brillante époque hellénique plus le moindre vestige ne témoigne, et cependant, par-dessus tous les fracas d'armes, un écho lointain du vieil âge ionien murmure encore à l'oreille du touriste attentif aux choses du passé les noms de ces sages et de ces savants, Xénophane, Parménide, Pythagore, Empédocle, qui furent jadis la lumière du monde, et dont ces rives, redevenues aujourd'hui à moitié sauvages, ont entendu l'éloquente parole.

Mais laissons pour l'instant ces souvenirs classiques, et rentrons de plein pied dans le présent.

C'est au pont de fer du Liris (*ex-Liris*), lequel ne prend le nom de Garigliano qu'après sa jonction avec le Sacco, que la voie ferrée allant de Rome à Naples sort des anciens États de l'Église pour entrer sur le territoire campanien. On est ici au pays des Marses, une des quatre peuplades alliées des Samnites qui occupaient le massif de montagnes que l'on nomme maintenant les Abruzzes; on est aussi au pays de Cicéron et de Marius, nés l'un et l'autre à Arpinum, non loin de la pittoresque presqu'île où ruissellent les deux cascades du Liris.

Un peu plus en aval, passé Aquino, la patrie de Juvénal, la vallée fluviale s'élargit, et bientôt, sur une montagne isolée à main gauche, on aperçoit, étagé en terrasses, le grand monastère du Mont-Cassin.

A ses pieds est blottie la petite ville de Cassino (naguère San Germano) qui a succédé, sur le parcours de la *via latina*, à l'ancienne

CHUTE DU LIRIS.

cité volsque de *Casinum*. Avant 1807, c'était le chef-lieu d'une principauté ecclésiastique et féodale comprenant divers lieux voisins,

Saint-Élie, Valle Rotonda, Cervaro, Piedimonte, et d'autres encore sis dans les Abruzzes et dans la Calabre. Jetons, si vous le voulez, un regard à son reste d'amphithéâtre antique, puis aux ruines d'une villa de Varron éparses le long de la rivière Rapido, et montons au Sinaï de la contrée.

Du haut de son esplanade calcaire, la masse imposante de l'immense cloître semble commander à toute une armée de cimes revêches, contreforts de l'Apennin abruzzais, qui se profilent à perte de vue sous les formes les plus fantastiques. Le chemin de bêtes de somme et de piétons qui y conduit encore jusqu'à nouvel ordre serpente pittoresquement sur le flanc des montagnes qui dominent la ville.

Plus on s'élève, plus la perspective gagne en ampleur et en majesté. Enfin, au bout de cinq quarts d'heure environ, une allée d'acacias aboutit à une galerie qui donne accès dans une première cour, d'où, par une longue suite de portiques montants, on atteint la terrasse intérieure sur laquelle l'église est bâtie. La grotte taillée dans le roc près de laquelle on a passé en entrant était, dit-on, la cellule primitive de saint Benoît, le fondateur du couvent.

On sait que ce patriarche des moines d'Occident naquit en 480 à Nurcie en Sabine. J'ai dit ailleurs[1] comment il se retira à Subiaco. En ce temps-là, les divinités païennes, Janus, Apollon, Vénus, avaient encore sur les Apennins des sanctuaires et des bois sacrés d'où le christianisme les voulait évincer. La légende raconte que lorsque, en 529, saint Benoît vint de Subiaco en Campanie, il fut suivi de trois corbeaux familiers, et c'est en souvenir de cet événement qu'on nourrit encore dans les cours du cloître quelques noirs volatiles de cette espèce.

Dès sa naissance, le mont Cassin fut doté d'un riche domaine temporel. Des monarques même y vinrent déposer les soucis du sceptre pour s'y prosterner le front dans la poussière. C'est ainsi qu'en 747 l'Austrasien Carloman, fils de Charles Martel et oncle de Charlemagne, y revêtit l'habit de bénédictin. Deux ans plus tard, ce fut Ratchis, roi des Lombards, qui s'y retira du monde. La chro-

1. Voy. notre volume, *Rome et la campagne romaine*, Hachette et Cie, Bibliothèque des écoles et des familles, 2e série.

nique abbatiale dit que le premier fut employé à garder les troupeaux, et le second à faire la cuisine.

Dès cette époque aussi, les lettres et les arts fleurissent dans le

CASSINO ET LE MONT CASSIN.

monastère haut perché. Une école de copistes s'y occupe de transcrire les ouvrages de l'antiquité, de cette belle écriture lombarde que l'on a appelée *cassinienne*, et de tous les points de l'Europe des disciples accourent y recevoir l'enseignement. Les tribulations, il est vrai, ne manquent pas de bonne heure au couvent. A peine construit, il s'était vu pillé par les Lombards; les Sarrasins vinrent ensuite le brûler, et les moines échappés au désastre durent s'enfuir à Teano, dans la vallée du Volturne. Mais bientôt il se relève de ses cendres, et alors, grâce aux largesses des puissants, s'ouvre, au XIe siècle, l'âge d'or de l'illustre communauté, dont le chef portait le titre d'abbé des abbés, *abbas abbatum*.

Sculpteurs, mosaïstes, peintres, y affluent de la Lombardie, d'Amalfi, de Constantinople. Tous les arts et tous les métiers y sont accueillis et logés à part. Les cellules du cloître deviennent une pépinière de prélats. Ses possessions réunies ont l'ampleur d'un royaume. Lisez plutôt, sur l'une des portes de bronze de l'église, la nomenclature des domaines dépendant du couvent en 1066; c'est par milliers que se chiffrent les villes, les bourgades, les châteaux, les églises. Et cette prospérité ne cesse de s'accroître. Après chacune de ses conquêtes, Robert Guiscard envoyait, en signe d'actions de grâces, un nouveau don au mont Cassin, et quand Grégoire VII mourut, ce fut l'abbé Didier qui, sous le nom de Victor III, ceignit la tiare à sa place. Il ne faisait qu'échanger une royauté contre une autre.

Au XIIe siècle pourtant, cette gloire subit une éclipse. Roger Ier, roi de Sicile, pille le trésor; plus tard, en 1349, un tremblement de terre détruit l'édifice, et nous savons par Boccace qui, à cette époque, visita le monastère, dans quel état d'incurie et de délabrement il était alors. L'auteur du *Décameron* trouva « la bibliothèque ouverte, sans porte, envahie par la poussière, les livres mutilés par les moines qui, pour gagner quelques sous, en arrachaient les feuillets, et y écrivaient de petits psautiers qu'ils vendaient aux femmes et aux enfants ».

Bientôt après, au XVe siècle, commence le gouvernement des « abbés batailleurs », qui achèvent de ruiner le monastère. Celui-ci, sans cesse pris et repris, n'est plus qu'une sorte de forteresse où Angevins et Aragonais, Français et Espagnols, s'installent tour à tour. Heureusement, à cette ère de troubles succède, au XVIe siècle, une période plus tranquille. C'est à cette époque (1538) qu'Ignace de Loyola vient faire au Mont-Cassin une retraite de cinquante jours durant laquelle il compose sa Règle des Jésuites et ses Exercices spirituels. Aux XVIIe et XVIIIe siècles, ont lieu des embellissements qui font du cloître un joyau. L'église est rebâtie ainsi que la partie du couvent qui sert maintenant de collège, et qui devait constituer l'hôtellerie, *hospitium peregrinorum*. Alors sont sculptées par Coliccio ces superbes stalles de noyer qu'on admire aujourd'hui dans le chœur, et qui forment un digne pendant aux fresques de la chapelle souterraine. Mais c'est surtout la bibliothèque et les archives qui attirent présentement la curiosité et le respect, par leur trésor de manuscrits, de diplômes, de volumes et de chartes, remontant jusqu'au VIIe siècle.

Rançonné en 1799 par les troupes françaises, le cloître se vit, sous Joseph et Murat, converti en un dépôt d'objets d'art, dont la garde fut confiée à cinquante frères dépouillés de leur habit. En 1815, il fut rendu à sa destination; enfin, en 1866, époque où furent supprimés les couvents d'outre-monts, on l'a transformé en un séminaire et en un institut d'éducation. Les moines, au nombre d'une trentaine, ne sont plus considérés que comme gardiens de l'établissement, classé parmi les monuments nationaux. Néanmoins, par un privilège tout spécial, ils vivent encore en communauté sous la règle de saint Benoît, et portent le costume noir. Comme auparavant, le frère forestier (*forestario*) continue de recevoir les étrangers, sauf l'été, à l'heure de la sieste (de une heure à trois heures de l'après-midi), moment où les portes sont closes. Comme auparavant aussi, la vue dont on jouit de la *loggia* ou terrasse du Paradis, sur les monts de Gaëte et le bassin du Liris, est des plus magnifiques qu'il y ait, quoique j'en connaisse une plus belle encore : c'est celle que réserve, tout près de là, au touriste l'ascension de ce Monte Caïro (1,600 mètres) sur les flancs duquel s'est formé subitement, en une nuit, un petit lac d'un millier de pas de large qui vaut les plus jolies coupes alpestres.

II

De la vallée du Liris, le train a passé dans celle du Volturne ; nous voici au cœur de la Terre de labour, sur le territoire de l'antique Capoue ; mais la ville qui porte actuellement ce nom n'est qu'une grosse bourgade fortifiée, et qu'on projette de fortifier encore,

CAPOUE. — PORTE ANTIQUE.

dominée par un groupe de hauteurs qui s'appellent le monte Tifata. Filons quelques kilomètres plus loin, jusqu'à la station de Santa Maria ; là, nous trouverons le squelette de la vieille métropole campanienne : peu de chose, en somme ; des fragments d'un amphithéâtre qui pouvait contenir cent mille spectateurs, des ruines de thermes, et un arc de triomphe sous lequel passe la grande route de Rome. Voilà tout ce qui reste de la célèbre cité pélago-étrusque qui avait recueilli l'héritage de Cumes.

Les Samnites, en s'emparant d'elle, lui avaient ôté son nom primitif de *Vulturnum* pour l'appeler, par opposition à leur patrie des montagnes, la ville de la plaine, *Capua*, — *a campo*, nous dit Pline l'Ancien. Entre les mains belliqueuses de ces nouveaux maîtres, la ville étendit au loin son renom militaire. Les cavaliers campaniens, avec leurs belles armes et leurs boucliers ciselés d'or, n'étaient pas moins estimés que les fantassins du Latium ; c'étaient les *reîtres* de l'époque, les mercenaires par excellence que les tyrans de Sicile prenaient à leur solde. Bref, on n'eût pu dire en ce temps-là que Rome plutôt que Capoue deviendrait la dominatrice de l'Italie.

On sait de quelle façon cruelle, après la seconde guerre Punique, la ville expia l'aide qu'elle avait prêtée à Annibal. Déchue de sa puissance politique et guerrière, elle n'en demeura pas moins le chef-lieu de la Campanie, la cité la plus florissante du pays. Ausone la met au huitième rang des villes de l'Empire. Tite-Live dit qu'elle fournissait trente mille fantassins et quatre mille cavaliers, ce qui suppose une population de plus de trois cent mille âmes. C'est de Capoue que l'usage des combats de gladiateurs se répandit en Italie, et la ville resta le siège d'une école où l'on dressait par milliers les combattants destinés aux cirques, et d'où sortirent Spartacus et sa bande. De bonne heure aussi, la vie artistique et littéraire y avait fleuri. Au IVe siècle avant Jésus-Christ, elle était le centre intellectuel, l'Athènes des populations samnites. Chez elle s'était formée la langue osque, un de ces idiomes primitifs de la péninsule qui entrèrent comme éléments constitutifs dans le latin, et que, des siècles durant, la plèbe romaine continua de comprendre. Dans ses murs, ou aux environs, naquit Névius, le premier grand poète de la vieille Rome, celui que, du temps d'Horace, tout homme de goût devait savoir par cœur. Velleius Paterculus, l'historien qui vivait sous Tibère, descendait aussi de souche capouane : de là sans doute cet orgueil de clocher que les Romains désignaient d'un mot, la *superbia campana*, l'arrogance campanienne. Le doux climat de Capoue, ses bains fastueux, sa vie élégante la maintinrent en renom jusqu'à la fin de l'Empire. Prise par Genséric en 456, elle se vit détruite par les Sarrasins en 840, et ce fut alors que ses habitants s'en allèrent fonder, à une lieue plus au nord, une ville nouvelle qui prit le nom de l'ancienne.

Capoue comptait sept portes et une douzaine de temples au moins. La voie Appienne, qui fut ensuite prolongée jusqu'à Brindes, la desservait dès l'an 311. Après avoir franchi le Vulturne à Casilinum, elle suivait à peu près le tracé de la chaussée qui, de Santa Maria, mène aujourd'hui à Maddaloni et à Bénévent. Toutes les autres routes

CAPOUE. — RUINES DE L'AMPHITHÉATRE.

du pays n'en étaient que des embranchements : tels le chemin de Capoue à Rhegium par Nola, Salerne et la Lucanie, et la voie côtière qui, de Sinuesse, allait à Puteoli et à Cumes.

L'*ager campanus*, comme on appelait le territoire de Capoue, passait pour le grenier des légions et le magasin à céréales du peuple romain. « Rien n'égale l'épautre de Campanie », s'écrie Varron le polygraphe, qui avait dans le pays de si beaux domaines. Le grain par excellence s'y appelait *semen*, et sa farine, mêlée à une terre argileuse (*creta*) que fournissaient les collines leucogéennes près de

Pouzzoles, servait surtout à confectionner le macaroni des Anciens, cette *alica* dont parle Martial, mets peu coûteux, ressource du pauvre, et qu'on préparait à Capoue mieux qu'ailleurs. Une autre production régionale, c'était la *siligo*, variété de froment exquise avec laquelle on faisait un pain qui était un véritable gâteau. Mentionnons assui

CAPOUE L'ANCIENNE. — AUTRE ASPECT.

cette excellente *polenta* campanienne, telle qu'en contenait encore une casserole retrouvée dans les fouilles de Pompéi.

Aux dons de Cérès, s'ajoutaient libéralement ceux de Bacchus. Nommerai-je tous les bons vins de Campanie? Au nord, à la frontière même du pays, le fameux Cécube, produit des montagnes de Fondi; plus bas, sur la côte ou à l'intérieur, le cru de Formies, le *massicus*, le *cales* vanté par Horace, puis l'incomparable Falerne, à la couleur ivoire clair, excellent surtout après quinze années, dont le territoire, *ager falernus*, fut de bonne heure détaché de celui de Capoue pour devenir domaine de l'État. Partout, dans la plaine même, en ce temps-là aussi bien qu'à présent, s'alignaient des rangées d'ormes et de peupliers qu'enguirlandait le cep vagabond.

La contrée était également renommée pour l'élève de l'espèce chevaline; le coursier campanien, *campanus sonipes*, était, entre tous, prisé des Romains. Et quelle huile abondante et fine on tirait des oliviers du pays! Même au point de vue métallurgique, ce district central de la Terre de labour avait une réputation méritée. Dès le premier siècle, il est vrai, ses mines de cuivre se trouvèrent épuisées; longtemps néanmoins le bronze capouan rivalisa avec celui de Chypre, et le vieux Caton, qui s'entendait aux choses de l'économie domestique, conseillait à ses concitoyens d'acheter leurs vases d'airain à Capoue, comme leurs fricandeaux à Pouzzoles.

Mais la spécialité locale par excellence, c'était la préparation des onguents, favorisée par l'abondance de fleurs. Les roses du terroir étaient les plus recherchées de l'Italie, avec celles de Préneste, surtout l'espèce dite Cent-feuilles, qu'on ne trouvait que là et au Pangée thrace. Aussi le marché aux parfums de Capoue, la *Seplasia*, comme on le nommait, jouissait-il d'une vogue extraordinaire. Varron, auquel il faut toujours revenir quand on parle de cette région, dit que c'était un des lieux du monde, avec le *macellum* de Rome, où il se dépensait le plus d'argent. Quelques noms d'*Unguentarii* (fabricants de parfums) sont même venus jusqu'à nous, grâce à des fragments d'inscriptions retrouvés dans les fouilles modernes.

Sur les hauteurs voisines de la ville, le monte Tifata susnommé, Diane *Tifatina* avait un temple où son nom n'était pas moins vénéré qu'au Nemi de la Campagne romaine. Le Tifata est le dernier contrefort de la chaîne qui, se détachant de ce monte Vergine dont je parlerai à propos de Naples, se dirige vers le cours du Volturne et encadre au nord la plaine campanienne. A son pied, il y avait autrefois un lac, que mentionne encore la fameuse table de Peutinger, dressée, pense-t-on, au IIIe siècle de notre ère mais qui s'est desséché depuis lors. Avec lui ont également disparu les forêts qui couvraient le versant de la montagne à l'époque où Annibal y campait.

Aujourd'hui, la ville de plaisance de la région, ce n'est plus Capoue, c'est Caserte, l'ex-Versailles des ex-rois de Naples. Avec son immense palais, ses terrasses, ses jardins plantés d'essences rares, ses cascades alimentées par le bel aqueduc de Maddaloni, sous lequel passe, un peu plus loin, la voie ferrée de Foggia, ce chef-lieu de la terre de Labour est vraiment une merveilleuse résidence.

Là, on est déjà en pleine banlieue de Naples; la riche flore parthénopéenne s'épanouit de plus en plus dans toute sa splendeur; la vigne foisonne; au-dessus des massifs d'orangers, le pin-pignon dresse sa ronde coupole; les plantes de l'Afrique, palmiers, cactus, aloès, s'élancent du sol et des roches fissurées. Enfin, au delà de la station de Cancello, le chemin de fer infléchit brusquement vers la mer, et le voyageur, en regardant par la portière du wagon, aperçoit à main gauche le cône fumant du Vésuve.

CHAPITRE II

La baie de Naples. — Ce qui reste de la vieille Parthénope. — Promenade à travers la ville. — Tableaux de genre, types et mœurs. — L'épopée de Polichinelle. — Fête populaire. — Sur le quai Sainte-Lucie. — Coucher de soleil.

I

De même que la baie de Naples proprement dite, au lieu de figurer une courbe unique, la « molle courbe » dont on parle tant, dessine au contraire, du Pausilippe au quai de la Marinella, une double inflexion crochue, exactement en forme de 3, de même la cité prise dans son ensemble se compose en réalité de trois villes, dont chacune a sa physionomie propre, et dont l'assemblage, très diversifié de site et de niveau, se déploie en un vaste fer à cheval vers la mer.

Il y a d'abord, à l'entrée ouest du golfe, la ville de luxe, comprise entre la Mergellina et le mince pédoncule[1] qui porte le château de l'Œuf, ainsi nommé de sa forme ovale. Celle-là, qui ne voit absolument rien de ce qui se passe dans l'autre échancrure, est le quartier par excellence des oisifs et des étrangers. Là s'étend, au-dessous du cours Victor-Emmanuel, la splendide *riviera* (ou quai) de Chiaja, avec sa bordure de cafés, d'arbres et de belles maisons, qui se continue par la villa Nazionale, promenade favorite des Napolitains.

Au nord de cette région, se développe la ville bourgeoise, composée de l'ex-rue de Tolède (actuellement rue de Rome) et des artères situées à sa gauche jusque vers le château Saint-Elme.

1. C'est l'ancien îlot de Megaris, relié aujourd'hui à la terre ferme par un pont de 220 arches. Ce fut là qu'Odoacre, en 476, relégua le dernier César Romulus-Augustule.

NAPLES

A la suite du château de l'Œuf, le rivage décrit un second évidement plus profond et plus large, qui commence au quai si animé de Sainte-Lucie, et se prolonge par les quatre bassins inégaux d'étendue et de forme qui constituent les ports de Naples. Le premier est le port militaire, enfermé entre une longue jetée et l'éperon brisé à angle droit du Grand Môle, au bout duquel est le phare (lanterne). Il est commandé par le Château-Neuf (Castel Nuovo), construction à trois tours, au devant de laquelle se trouve l'arc de triomphe érigé en 1470 à Alphonse Ier d'Aragon. Le second est le port marchand ou grand port, qui se termine au Petit Môle; le troisième, de moindre importance, est le Petit Port, situé derrière le Petit Môle; le quatrième enfin est le vaste havre qu'embrasse le quai de la Marinella.

Tout ce qui s'étend de ce côté, en deçà de la rue de Tolède, constitue en majeure partie le vieux Naples, la cité plébéienne qui ne finit qu'au pont de la Madeleine sur le Sebeto.

Telle est la baie napolitaine, prise dans son développement le plus étroit; mais, entendu au sens le plus large, l'ensemble de la ligne côtière s'allonge sur un espace de plus de vingt-quatre kilomètres, depuis le cap Misène au nord-ouest jusqu'à celui de Sorrente au sud-est, embrassant, outre le golfe de Naples, l'échancrure un peu plus petite de Pouzzoles et l'anse largement arquée qui déroule ses molles brisures de Torre del Greco à l'île de Capri.

C'est dans les quartiers voisins du Petit-Port, lequel répond à l'ancien havre où Bélisaire fit ancrer sa flotte, qu'on a découvert des vestiges de la vieille Paléopolis, enfouie au cours des siècles sous les exhaussements successifs du sol. En creusant dans la rue San Nicola Caserti, on a trouvé en 1876 l'antique pavé de lave à près d'un mètre sous le dallage moderne. L'Arco de' Caserti, un temple de Castor, des murs mis au jour dans la strada dell' Orticello, voilà ce qui subsiste de la primitive cité grecque. Ajoutons-y les restes d'aqueduc de la vallée du Sebeto. Le dieu qui présidait à ce cours d'eau était l'objet d'un culte spécial, et d'anciennes monnaies portent son image. Mais la grande divinité locale, la véritable patronne de la ville, c'était la sirène Parthénope, détrônée depuis lors par saint Janvier. Son tertre funéraire, dressé jadis au bord de la mer, était le monument sacré entre tous. Des jeux publics, avec courses aux flambeaux, se donnaient en l'honneur de cette déesse, dont la fête tombait à la fin de juillet. En mémoire d'elle aussi, l'écusson de Naples portait comme emblème le taureau à deux têtes[1].

De nos jours, la rue historique de Naples, c'est, avant tout, la

RUINES ROMAINES A NAPLES.

rue de Tolède, qui va, du sud au nord, de la place du Plébiscite, voisine de l'Arsenal, à la place Dante, sise à peu près au centre de la ville. C'est aussi le point où le mouvement urbain est le plus actif, et l'arène de prédilection où le carnaval secoue ses grelots. Tout autre d'aspect est le nouveau cours Victor-Emmanuel qui, sur

1. Les Sirènes de la fable étaient regardées comme les filles du fleuve sacré Acheloos qui, sous la forme d'un taureau, disputa Déjanire à Hercule.

NAPLES. — ARC DE TRIOMPHE DU ROI ALPHONSE.

quatre kilomètres de longueur, contourne pittoresquement les hauteurs du château Saint-Elme et les pentes du mont Vomero jusqu'à l'église de Piedigrotta à l'ouest. De quelle admirable vue on y jouit sur la ville et le golfe! Ce vaste corso se bâtit de plus en plus; néanmoins entre les maisons il y a encore bien des pans de rocher d'où s'élance, croissant à son aise, toute une flore sauvage de cactus et d'autres plantes aux rigides aiguillons. Avec la belle rue du Tasse et le corso du Prince-Amédée, récemment ouvert du côté de Chiaja, il forme l'amorce d'un grand quartier neuf que doivent compléter, paraît-il, d'autres travaux de voirie projetés à la suite du choléra de 1884. Au-dessous de ce *rione*, vers le quai, se trouvent les principaux édifices, le théâtre San Carlo, le Palais-Royal, et la place Saint-Ferdinand, station centrale des omnibus et des tramways à vapeur.

Les autres rues, *vicoli* ou *strade*, sont, en général, étroites, assez mal nivelées, et parfois traversées de massives arcades (*portici*) qui y interceptent la lumière et l'air. Quant aux ruelles grimpantes ou en escalier, *salite, rampe, gradoni*, elles abondent à Naples encore plus qu'à Gênes; ici comme là-bas, la *costarella* est la fille naturelle du site, et, de même que l'âne ligurien son frère, l'âne campanien se tire à merveille de ces âpres montées et descentes sur le roc acutangle ou trop lisse.

II

On a prétendu que, sur les huit cent mille habitants de Naples, il y avait quatre cent mille misérables. La proportion semble un peu forcée. Certes, pour quiconque a vu les immondes cavernes de la rampe Brancaccio, ou même, près de Sainte-Lucie par exemple, les ruelles invraisemblables adossées au rocher de Pizzofalcone, avec leurs taudis fauves où s'entassent pêle-mêle, chèvres et porcs compris, des centaines de malheureux en haillons, il est certain que le prestige de la poétique Parthénope, et le dicton « voir Naples et mourir » subissent une atteinte justifiée. Néanmoins, ce serait une erreur de croire que la gent menue des portefaix et des débardeurs coiffés du traditionnel bonnet rouge, qui ont pris Lazare le gueux pour patron, répond absolument de nos jours à l'idée que l'étranger s'en est faite. Ce lazzarone, qui, à l'heure de la sieste, s'étale sur les dalles du môle ou du quai, laissant voir sur sa poitrine nue, soit la médaille vénérée de San Gennaro (saint Janvier), soit, — surtout si ce Napolitain est un Calabrais, — quelque amulette destinée à conjurer le « mauvais œil[1] », n'est pas nécessairement le fainéant qu'on se figure; il peine et sue, comme un nègre qu'il est d'ailleurs à demi, depuis les premiers feux de l'aurore jusque bien après le coucher du soleil. Son salaire sans doute n'est pas gros ; mais suivez-le, à l'heure de midi, dans l'*osteria* borgne où au grésillement de fritures innomées se marient des senteurs d'ail asphyxiantes, vous verrez qu'en dépit de la légende, il se nourrit de toute autre chose que d'azur et de rosée.

Quant aux mariniers purs, les *marinari*, comme on les appelle, ils forment, entre le pont de la Madeleine et le château de l'Œuf, une classe à part qui a ses mœurs, ses usages et ses lois. Les plus aisés ont une barque à eux; les autres n'ont qu'un filet, moins que cela parfois, une simple corde munie d'un croc; mais tous travaillent de leur mieux, confraternellement et par bandes. Tant que la pêche donne, ils sont heureux. Ils partent le matin dispos et chantant; ils rentrent le soir, harassés, mais chantant toujours. Les plus intrépides et les mieux outillés s'aventurent, à la recherche du corail, jusque sur les côtes de Sicile et d'Afrique; leur absence dure plus d'un an parfois; tous ne reviennent pas de ce voyage; mais le beau butin pour ceux qui reviennent!

Chose singulière : en dépit de sa situation et de son port si vivant, Naples n'apparaît pas tout d'abord aux yeux de l'étranger comme une cité de gros négoce ni de trafic international et lointain. Ce n'est pas ici comme à Gênes, à Marseille, au Havre, à Hambourg ; le cachet local n'a rien d'exotique; en dehors des quais et des môles, on dirait que la mer, pour les habitants, n'est plus qu'un accessoire,

1. La superstition du mauvais œil (*mal' occhio*) est répandue dans toute l'Italie du sud, encore plus que dans certaines campagnes de France. Quiconque, par exemple, a un nez en forme de bec de corbin et de grands yeux ronds est tenu pour un jeteur de sorts, *jettatore*, et il n'est que prudent de lui opposer un talisman quelconque, qui se porte sous la chemise.

un décor; elle n'imprime point sa marque souveraine sur les gens et les choses. L'odeur de lave qui vient du Vésuve l'emporte sur les senteurs de goudron. Les flottilles de barques et les grands paque-

SUR LE MOLE A NAPLES.

bots ont beau sillonner le golfe en tous sens; ce n'est pas vers les horizons du large que se tournent les regards du Napolitain. Celui-ci est l'homme des petits métiers qui s'exercent commodément sur place; il est tout à son échoppe, à sa *bottegha*, s'il en possède une. N'en a-t-il point, la rue lui suffit, pour sa menue industrie de chaque jour. Que dis-je? toutes les professions s'emparent délibérément du trottoir. On forge, on cloue, on rapetasse, on lime sur le devant de la porte, si ce n'est même au milieu de la chaussée; tout cela en dépit de la foule gesticulante et vociférante. Au promeneur de s'en tirer comme il peut.

Tout ce qui se mange ou se boit se débite dans la rue. Des montagnes de fruits et de victuailles vous arrêtent inopinément au pas-

ACQUAIOLO AMBULANT.

sage. Le porteur d'eau ambulant (*acquaiolo*) circule partout son tonnelet à l'épaule; autant en font, dès l'aube, les débitants d'alcool, d'orangeade, de jus de sureau; à leurs cris incessants se mêlent les hurlements des marchands de *cocomeri* (pastèques), d'éventails, d'allumettes, de fromages blancs, de viandes, de légumes et d'olives. Les jours de marché, c'est bien autre chose : de Portici, de Résinas de Sorrente, afflue tout un peuple de contadins et de contadine, (paysans), dont il faut entendre résonner le dialecte aux consonnes bizarrement redoublées. Ils arrivent au grand trot par les rues, menant à la diable leurs charrettes à deux roues où des familles entières sont debout, couchées, assises, pelotonnées en grappes. En thèse générale, je ne crois pas qu'il existe une autre ville où se meuvent autant de chevaux et de voitures. Ajoutez à cela les grin-

NAPLES. — MARCHAND DE FRUITS ET DE VINAIGRE.

cements des pianos mécaniques roulants, les appels des théâtres forains où se joue, tous les jours que Dieu fasse, une belle *farsa da ridere*, et les nasillements du Polichinelle de carrefour.

Celui-ci du moins, à Naples même, a son chez-lui s'il le veut, c'est le sous-sol de San Carlino, sur la place du Château. Là, l'immortel mime au pantalon blanc, au bonnet gris pyramidal, au demi masque noir avec un nez crochu, — car ce n'est qu'en émigrant sous le ciel du Nord qu'il s'est affublé de sa double bosse et de ses oripeaux de couleur criarde, — ne cesse de faire les délices du peuple avec ses confrères, les autres types de la menue comédie napolitaine. A côté de lui, le héros d'antique race, batailleur et sensuel, fanfaron et braillard, figurent Pancrace, Tartaglia et donna Petronia.

Don Pancrace Cocoziello, c'est-à-dire le *Cornichon*, est un vieillard inoffensif et crédule, qui sort pour la première fois de sa petite ville de province, et qui tombe dans tous les pièges qu'on lui tend. Ce gobe-mouche ventru a pour costume de prédilection un large habit marron, une demi-culotte courte, un gilet vert descendant aux cuisses, une perruque à bourse sans poudre, et un tricorne lampion. Tartaglia, c'est-à-dire le *bègue*, est long, décharné au possible; il porte de grosses lunettes bleues, car il est affligé d'une double infirmité, un mal d'yeux chronique et un vice ridicule de prononciation. C'est tantôt un père avare et entêté, dont on ne vient à bout qu'à force de tromperies, tantôt un ami de Pancrace, rivalisant avec celui-ci de bêtise et de crédulité. Quant à dame Petronia, c'est une grosse matrone prétentieuse, une ex-belle, dont les écus et les bijoux attirent les aventuriers et qui va complaisamment au-devant des dupeurs : au fond, pas le moindre grain de méchanceté.

III

Passé le château de l'Œuf, le bruit et le tumulte cessent comme par enchantement. Jadis cependant, au mois de septembre, avait lieu depuis le quai Sainte-Lucie jusqu'au Pausilippe, le jour de la fête de Piedigrotta, une procession doublée d'un cortège carnavalesque, qui était quelque chose d'inénarrable. Ce jour-là, les jardins de la Villa Nationale, qui s'appelait alors Villa Royale, étaient ouverts à tout venant. Une foule bigarrée, résumant en elle tous les types et tous les costumes des provinces du sud, occupait ces Tuileries de Naples avec un fracas assourdissant de tambourins et de castagnettes. A côté des filles de Procida, au mouchoir négligemment jeté sur la tête, figuraient et l'Italienne de la Grande-Grèce avec son diadème d'or et sa ceinture d'argent, et la Capouane avec sa *magnosa* enroulée à la façon des sibylles antiques, et la montagnarde du Samnium, drapée dans un morceau d'étoffe, et l'Abruzzaise aux tresses relevées. La fête se prolongeait toute la nuit; le

FONTAINE DE LA VILLA NAZIONALE.

jardin servait de salle à manger, de salle de danse, de dortoir, et, sous le beau firmament étoilé, la bacchanale allait s'étendant jusqu'à la grotte du mont Pausilippe.

C'est sur ce même quai de Sainte-Lucie qu'il faut aller voir rentrer, le soir, les barques de petite pêche qui ont sillonné toute la journée le golfe d'azur. La mer est tranquille, le soleil se couche derrière l'île d'Ischia; il n'y a presque plus de voitures sur la rive. Des bandes de chanteurs ambulants se dirigent vers les hôtels de Chiaja pour y régaler l'étranger des louanges de la « bella Napoli ». Là-bas, au milieu des flots, on chante également :

Sul mare lucica
L'astro d'argento,
Placida è l'onda,
Prospero è il vento.
Venite all agile
Barchetta mia.
Santa Lucia!
Santa Lucia!

« La mer empourprée, l'astre d'argent, l'onde paisible, le vent favorable, la barque légère », tel résonne le chant de Sainte-Lucie, répété par tous les échos de la plage. Tout à ce moment, autour du touriste, n'est que joie, charme et poésie. Seule, la masse sombre et menaçante du vieux Castel dell' Ovo, une prison qui se mire dans les flots, semble silencieusement protester contre cet hymne de paix et de bonheur.

CHAPITRE III

A travers Naples (*suite*). — Les églises et les édifices publics. — La légende de saint Janvier. — Le Campo-Santo Nuovo le jour de la Toussaint. — Visite aux Catacombes. — Les collections du Musée national. — Le banditisme. — Fra-Diavolo.

I

Naples n'a point de monuments dont la splendeur architecturale réponde à son étendue et à sa richesse. Sûre d'attirer et de charmer toujours par son beau ciel et sa situation, elle ne s'est pas mise en frais d'édifices. Ses principales églises, — la ville en compte près de 300, — datent, pour la plupart, du temps de la domination des princes d'Anjou (XIVe et XVe siècles). La cathédrale Saint-Janvier (San Gennaro), bâtie dans les hauts quartiers de la ville, sur l'emplacement de deux temples antiques, renversée ensuite par un tremblement de terre, puis reconstruite par Alphonse Ier d'Aragon, n'est pas elle-même ce qu'on peut appeler une œuvre d'art. Son grand prestige, aux yeux des Napolitains, c'est de renfermer dans une chapelle dite le Trésor (*il Tesoro*) les dépouilles du saint vénéré qui est le patron de la ville.

Ce fut en l'an 302, sous le règne de Dioclétien, que Janvier, évêque de Bénévent, se vit traduit par-devant le préfet de Nola, Timothée. S'étant obstiné à confesser sa foi, il fut d'abord, disent les bollandistes, enfermé dans un poêle ardent; il sortit intact du brasier. On le fit alors exposer aux bêtes dans l'arène de l'amphithéâtre de Pouzzoles. Les bêtes le respectèrent également. Là-dessus Timothée ordonna qu'on le décapitât par le glaive, en compagnie de

3

plusieurs autres chrétiens, notamment du diacre Festus et du clerc Desiderius; mais, au moment même où l'on conduisait les victimes au supplice, le préfet, sur une simple invocation de l'évêque, fut soudain frappé de cécité. Bien qu'une seconde prière faite par Janvier, sur ses instances, lui eût rendu aussitôt la vue, l'exécution n'en eut pas moins lieu, avec cette particularité, ajoute-t-on, qu'un doigt de la main du saint se trouva tranché en même temps que la tête.

Le corps fut d'abord inhumé sur le champ Marcien, sans doute au bord de la Solfatare, là où s'élève actuellement l'église des Capucins; mais il devait changer de place plus d'une fois. A la fin du IVe siècle, il fut transféré à Naples et déposé dans les Catacombes; quatre cents ans après, en 817, le duc de Bénévent Sico se fit rendre la pieuse dépouille, moins la tête, que les Napolitains conservèrent, et qui, à elle seule, dit la légende, suffit à protéger la cité vésuvienne contre les Normands et les Sarrasins. Au XIIIe siècle, nouvelle exode : la relique fut secrètement transportée dans le cloître du mont Vergine, et, là, elle demeura oubliée jusqu'en 1497, époque où le roi Ferdinand Ier en réclama la restitution.

II

Le Palais-Royal, encastré, place du Plébiscite, dans les constructions du théâtre San Carlo et de l'Arsenal, ne remonte pas au delà de l'an 1600. Celui de Capodimonte, une ancienne villa des rois de Naples, sise à l'extrémité nord de la ville, sur la colline du même nom, où les voitures accèdent par une route en circuit, est un édifice encore plus récent, qui vaut surtout par ses jardins et la belle vue dont on y jouit.

Le château Capouan (*castel Capuano*), actuellement siège des tribunaux, est d'un âge beaucoup plus respectable. Il fut bâti au temps de Guillaume Ier (XIIe siècle) par Buono, le grand architecte vénitien auquel on doit également l'édification du château Saint-Elme. Il se dresse à l'est de Naples, près de la gare centrale. Derrière lui s'élève la porte de Capoue, flanquée de ses deux tours rondes.

NAPLES. — LE CAMPO SANTO NUOVO, A LA TOUSSAINT.

Des cimetières de la ville, un seul est monumental ; c'est le Campo Santo Nuovo, créé, au temps de la domination française, à gauche de la route du Poggio Reale, au nord-est de la porte de Capoue susnommée. Tout Naples s'y rend à la Toussaint, qui à pied, qui à âne, qui en calèche ou en *corricolo*. On y mange, on y boit, on y cause, on y pleure, on y prie pêle-mêle, sous de splendides ombrages qui vous laissent apercevoir la riante image de la vie, la mer, les villas, la campagne fleurie et odorante, à travers les files blanches et noires des tombeaux et des mausolées. Le cyprès même ne projette ici qu'une demi-ombre de tristesse ; les roses s'y enroulent de toutes parts, et renaissent à peine effeuillées. Le doux parfum qui s'en exhale, les vocalises du rossignol qui s'y vient percher, le murmure caressant de la brise marine dans le feuillage, tout cela n'invite guère au deuil. Pense à vivre, vis heureux ! voilà ce que répètent les mille petites voix d'alentour, et c'est ici qu'on peut dire avec Foscolo :

All' ombra dei cipressi è dentro l'urna
Confortati di pianto è forse il sonno
Della morte men duro...

« A l'ombre des cyprès et dans l'urne que rafraîchit une rosée de pleurs, peut-être le sommeil de la mort est-il moins pénible. »

Ce qui inquiète plutôt le Napolitain, c'est le « saut à faire », le vilain moment qui précède la mise au cercueil, l'appareil qui s'en mêle, le viatique que l'on porte et qu'on voit passer, la clochette qui tinte, les sonneurs vêtus de rouge et le curé sous le dais. Aussi, sur le passage de ce cortège, la foule tombe-t-elle à genoux, silencieuse, recueillie, presque épouvantée ; puis, la lugubre vision disparue, chacun se relève, oublieux de « l'au-delà », pour rire et chanter de plus belle.

Au-dessous de Capodimonte, s'ouvrent les Catacombes de Naples, plus belles et plus spacieuses que celles de Rome. Elles s'étendent sous la colline précitée sur plusieurs milles de longueur. L'entrée en est dans l'asile de San Gennaro de' Poveri, qui aligne sa gigantesque façade sur la large rue Fioria. Là, tout est silencieux et désert ; quelques vignobles, au milieu desquels s'élevaient jadis des villas, couvrent le flanc des hauteurs qui viennent mourir en pente douce près du viaduc della Sanità.

Ces catacombes sont un hypogée à trois étages, dont l'inférieur a été comblé par les éboulements. Les galeries, creusées dans une pouzzolane durcie, sont précédées de vastes antichambres. Les principales ont 5 mètres de haut, sur une largeur qui varie ; aux parois sont pratiquées des niches (*loculi*) qui forment autant de tombeaux. Sur les parois latérales comme sur les plafonds à voûte plate, divisés en compartiments, se trouvent des restes de fresques dont quelques-unes sont vraiment curieuses. Dans la première galerie, j'ai vu, entre autres, des peintures représentant une panthère, une colombe, des chevaux marins, un canard, toutes images qui n'ont rien de funèbre, à coup sûr. A l'étage supérieur sont figurés Adam et Ève, puis des jeunes filles occupées à construire une tour ; deux d'entre elles apportent les pierres, et la troisième les agence. Cette scène étrange est tirée, m'a-t-on dit, du *Pâtre d'Hermas*, un écrit du IIe siècle de notre ère. Parmi les tombeaux, dans cette même partie de la crypte, se trouvent celui d'un chrétien appelé Laurentius, ceux de Proculus, d'Eleusinius, et d'une certaine Cominia qui dort là, en compagnie de sa fille Nicatiola. Toutes deux semblent s'être mises, en mourant, sous l'intercession de saint Janvier, que l'on aperçoit entre elles en prière, la tête entourée d'un nimbe. Je me souviens aussi de la famille Theoctenus ; le père, la mère et la fille (celle-ci âgée de trois ans environ) sont représentés en peinture sur la paroi postérieure de la crypte.

III

L'édifice le plus curieux de la ville, c'est sans contredit le Musée national. On a beau avoir étudié par le menu les Offices de Florence, le Capitole et le Vatican de Rome, des merveilles uniques en leur genre attendent ici le voyageur. C'est que l'antiquité tout entière revit dans ce musée, non pas en détail, mais en bloc, grâce aux exhumations faites dans le sol des cités ensevelies de la région. De Pompéi à Pœstum, aussi bien que de Pouzzoles à Cumes, toute la côte, mine inépuisable, a rendu et continue de rendre chaque jour

NAPLES. — UN ENTERREMENT PAR LA CONFRÉRIE DES MORTS.

des trésors d'art dont les immenses salles de la place Cavour sont devenues le dépôt général.

Rien que des trois cités vésuviennes, on a retiré près de 2,000 peintures décoratives antérieures à notre ère. Tritons, néréides et nymphes de toute sorte y figurent à côté de personnages historiques dont il ne m'appartient pas de vous donner ici la nomenclature. Les natures mortes y abondent aussi, avec les détails de la vie quotidienne de l'époque, festins, concerts, scènes d'école, toilette de matrones, etc. Quelques-unes de ces œuvres ont un caractère satirique : telle la sauterelle conduisant un char traîné par un perroquet, où l'on a cru reconnaître une caricature de Locuste et de Néron, d'autres disent de Sénèque et de Néron; telle aussi la pein-

MUSÉE DE NAPLES — CARICATURE ANTIQUE.

ture qui nous montre Énée portant sur ses épaules son père Anchise et tenant par la main le petit Ascagne; les trois personnages ont des têtes de chien.

Parmi les sculptures, vient, en première ligne, le groupe, malheureusement avarié, du taureau Farnèse, représentant Dirké, la femme du roi de Thèbes Lykos, liée aux cornes d'un taureau sauvage par Zéthos et Amphion. Ce chef-d'œuvre est dû au ciseau des deux Rhodiens Apollonius et Tauriscus de Tralles. Transporté à Rome par Asinius Pollion, il fut retrouvé dans les thermes de Caracalla, et, jusqu'en 1832, conservé dans la Villa Reale. Citons aussi l'Hercule Farnèse, de Glycon d'Athènes; la Vénus Callipyge, exhumée de la Maison-Dorée de Néron; l'Agrippine assise, l'Eschine, le Torse de Psyché; puis des statues d'empereurs romains, de César à Héliogabal et Probus; la colossale Flora ou Vénus drapée, le Gladiateur blessé, un beau vase de Gaëte, en marbre grec (Mercure et Bacchus enfant entourés de faunes et de bacchantes), trouvé dans les ruines de Formies, et auquel les bateliers de la côte amarraient leurs bateaux; enfin, comme bronzes, le Faune dansant, de Pompéi; le Faune ivre, le Narcisse, le Sénèque, et les trois actrices d'Herculanum.

Une salle spéciale renferme des comestibles et objets divers, retirés à l'état de carbonisation des ruines des cités vésuviennes : coquilles d'huîtres et d'escargots, amas d'étoffes brûlées, sardines en tubes, casserole pleine d'une viande en cuisson que l'on n'eut pas le temps de manger; oignons, amandes, raisins, poires, figues et prunes. Ajoutez une collection de verres antiques, des médailles, des monnaies, des bijoux, des vases assyriens, étrusques et grecs, et d'innombrables rouleaux de papyrus, toute une civilisation, des plus raffinées que le monde ait connues, restaurée de pied en cape après coup.

IV

Jusqu'à ces derniers temps, on le sait, la plaie de l'Italie méridionale, c'était le banditisme. Je me souviens encore que, lors de mon premier voyage à Naples, il n'y a pas tout à fait vingt années, les journaux de la ville enregistraient chaque semaine les exploits d'une certaine bande Seinardi qui semait l'effroi dans toute la région, et s'aventurait parfois jusqu'aux croupes du Vésuve. Tel jour, son chef avait détroussé des promeneurs inoffensifs aux environs de Sant' Angelo. Tel autre, il s'était donné le plaisir tout dantesque de plonger dans une chaudière d'eau bouillante un pâtre du baron Berlinguieri.

Vers la même époque, et plus tard encore, une seconde bande occupait le Monte Gargano, à l'extrémité de la Pouille; une troisième battait la Basilicate, et nul voiturin ne pouvait se hasarder dans la partie sud de cette province et gagner de là le bord de la

NAPLES. — SCÈNE DE LA RUE.

mer. Les bergers qui passaient d'un district à l'autre avec leurs troupeaux étaient forcés de faire mille détours, afin de s'épargner le désagrément de payer rançon à ces malandrins pour chaque tête de bétail qu'ils menaient.

Cependant, ce n'était déjà plus ce qu'on appelait le grand brigandage. Celui-ci avait tenu à deux causes principales : à l'état politique du pays et à l'incurie administrative des pouvoirs qui le gouvernaient. Ajoutons-y la configuration physique d'une contrée

NAPLES. — PLAGE DE LA MARINELLA.

hérissée de monts d'un accès difficile et à peu près dénuée de routes.

Puis, à côté des brigands proprement dits, il y avait les déclassés politiques, parmi lesquels les bandes se recrutaient. Quiconque avait refusé l'impôt, le service militaire, quiconque avait « eu le malheur » de tuer quelqu'un, se réfugiait dans la montagne. Là, comme il fallait vivre, on détroussait les passants, on rançonnait les habitations isolées, on levait des contributions sur les fermes. Le paysan se laissait faire; souvent même, il était complice des *outlaws*. Le métier n'avait rien de déshonorant, à ses yeux. Lui-même, au besoin, il avait dans un coin du logis sa bonne escopette, qui suppléait à l'insuffisance de ses gains d'éleveur ou d'agriculteur. D'un coup de fusil, à tel jour et à telle heure, il « bouchait un trou », après quoi il revenait tranquillement à sa charrue ou à ses bestiaux.

Stendhal raconte qu'un préfet bourbonnien pressait un *contadino* de payer enfin ses contributions. « Que voulez-vous? répondit le débiteur, la grande route ne produit rien. Ma carabine et moi, nous y allons pourtant tous les jours; mais, comptez sur moi, je vous promets de ne pas manquer l'affût un seul soir, jusqu'à ce que j'aie réuni la somme qu'il vous faut. »

On comprend que ce banditisme à l'état sporadique se tournait aisément en épidémie, dès qu'il survenait quelque crise politique ou sociale. En 1799, il forma, à l'instigation des princes découronnés, le principal noyau de résistance contre la République Parthénopéenne. Après 1860, les Bourbons s'en servirent contre l'unité italienne. Galériens échappés ou graciés, soldats licenciés à la suite de la reddition de Gaëte, vinrent grossir les hordes de routiers. Qui n'a entendu parler de la fameuse association qu'on désignait sous le nom de *Camorra?* Elle embrassait toutes les provinces napolitaines, et visait surtout les basses classes de la société. Cette sinistre franc-maçonnerie était divisée en douze loges, chacune ayant son chef, auquel le *Camorrista* devait obéir passivement. Aujourd'hui la mystérieuse bande est dissoute, et je doute qu'elle se puisse reformer, même dans les villages les plus excentriques.

Une chose non moins curieuse, c'est l'espèce de *modus vivendi* que le banditisme napolitain avait obtenu maintes fois des gouvernements.

Le dernier roi de Naples, Ferdinand II, n'ayant pu réussir à mettre la main sur un certain Talarico qui était la terreur du pays, entra en négociation avec lui. Il lui fit offrir une rente annuelle et une paye journalière de 25 sous pour chacun de ses hommes, au nombre de quarante, à la condition qu'il désarmerait. Talarico accepta la convention, et se rendit. Il finit par devenir capitaine de port à Ischia.

Lors de l'invasion française de 1799, le célèbre Calabrais Fra-Diavolo, — de son vrai nom Michel Pezza, — avait conclu avec

PORT DE NAPLES.

la reine Caroline un marché du même genre. La reine lui avait donné un brevet de colonel, et dans ses lettres, dit-on, elle l'appelait même : mon ami. Il est vrai que celui-là faisait les choses grandiosement. Il avait été à l'école d'un maître, le fameux Sciarpa. Tous ceux qu'on a vus à l'œuvre après lui n'étaient que des nains en fait de brigandage. Pour son début, alors qu'il n'opérait encore qu'en sous-ordre, Fra Diavolo avait enlevé la madone d'or massif, enrichie de diamants et de perles fines, qui était au couvent de Santa Martha. Ce superbe coup lui valut de succéder, comme chef de bande, à Sciarpa, lorsque celui-ci eût été tué par les carabiniers. Bientôt ses hauts faits lui firent donner ce surnom de « frère Diable » sous lequel il demeure connu dans l'histoire et dans la légende.

Quatre cents ducats étaient promis à qui le livrerait. La prime alléchait bien des gens; mais le moyen de la gagner? Plus d'un paya de sa vie le simple honneur de l'avoir entrepris. On raconte cette curieuse aventure, mise, on le sait, en musique depuis lors. Un jour, se trouvant à Salerne, Fra Diavolo entra dans la boutique d'un barbier, au moment où celui-ci s'en allait raser un client à domicile. Il était là depuis quelques minutes, quand survint un capitaine de carabiniers qui, le prenant pour le maître écorcheur, lui dit de lui faire la barbe au plus vite. Sans hésiter, Fra Diavolo retroussa ses manches, prit un ustensile, et commença l'opération.

Comme il tenait le patient dûment barbouillé sous son rasoir, le perruquier revint tout hors d'haleine, en criant : « Capitaine, capitaine, le bandit que vous cherchez est à Salerne ; quelqu'un l'a vu et reconnu. — Ah! répliqua joyeusement le carabinier, nous le tenons donc! — Pas encore, riposta Fra Diavolo; c'est lui, au contraire, qui vous tient en ce moment. »

A ce mot, le capitaine demeura coi, et plus mort que vif, sur son siège. Quant au barbier, non moins terrifié, il n'osa même avancer d'un pas vers la porte. Tous deux attendirent, également tremblants, l'un debout, l'autre assis, que le terrible opérateur eût fini. Celui-ci ne se pressa pas; il fit convenablement durer le supplice. Chacun de ses gestes semblait tirer une pinte de sang au carabinier. Enfin, la chose achevée, le brigand lia solidement les pieds et les mains de l'officier; puis, sans plus s'occuper de lui, il ficela de même le pauvre barbier, qui ne songeait guère à faire résistance. Sur quoi, il prit l'uniforme du capitaine, s'en revêtit, monta sur le cheval dudit capitaine resté à la porte, et sortit de la ville au galop.

Durant plusieurs années, la seule bande de Fra Diavolo réussit à couper les communications entre Rome et Naples. Malheur aux soldats français, isolés ou par détachement, qui la rencontraient en route! Ils étaient implacablement massacrés. Enfin, en 1806, quand Murat eut pris possession du trône de Naples, le redouté bandit se vit traqué énergiquement. Sa troupe fut aux trois quarts réduite dans un combat, et il dut se retirer en Sicile. Il en revint bientôt; mais il avait perdu sa puissance et son prestige. Abandonné du dernier homme qui lui fût encore resté fidèle, poursuivi nuit et jour, il ne savait plus où se réfugier. Comme il passait dans un village aux environs d'Eboli, il entra chez un cordonnier pour acheter des souliers. Là, il fut reconnu par l'apothicaire de l'endroit, qui, moins timide que le barbier de Salerne, le fit arrêter.

Sa fin n'eut rien d'épique. Condamné à être pendu sur la grande place de Naples, il montra, dit-on, une extrême faiblesse au dernier moment, et se répandit en imprécations contre ceux qui l'avaient poussé à revenir tenter la chance sur le continent. Il fut exécuté en présence de toute la garnison et d'un peuple innombrable accouru des régions d'alentour, le 11 novembre 1806.

V

La multiplication des travaux de voirie et surtout l'établissement de chemins de fer, voilà le meilleur moyen d'assurer la sécurité et l'ordre en deçà comme au delà du phare de Messine. Déjà trois lignes sillonnent la province de Bénévent; cinq traversent la Pouille; six entament la terre de Bari et le pays d'Otrante; la Basilicate même retentit des sifflets des locomotives, et la Calabre est cernée entièrement par le grand railway circulaire, avec deux projections vers le centre, qui va de Métaponte à Reggio. Seule la côte inférieure de la mer Tyrrhénienne n'a pas encore son réseau achevé; mais ce n'est plus que l'affaire de quelques années. Certes, dans les gorges de la Lucanie et aux environs de la sauvage Sila, cette forêt de Bondy de l'Italie, il existe toujours maint district où, malgré les carabiniers royaux, le touriste ne peut encore se promener aussi tranquillement que sur le quai de Chiaja ou sur la grande route de Pouzzoles; toutefois le progrès s'affirme chaque jour, et le paysan italien, qui, peu à peu, devient propriétaire, et qui a, ce que n'a pas le campagnard français, des banques de prêt à son service, songera de moins en moins, il faut l'espérer, à se servir de son fusil pour fouiller les chemins creux d'alentour.

L'unité, elle aussi, — est-ce un bien, est-ce un mal, pour la péninsule et pour l'Europe même? — l'unité semble se faire plus vite qu'on ne l'eût pu prévoir il y a trente ans : arrêtez aujourd'hui au hasard un *popolano* dans la rue de Tolède ou sur le quai de la Marinella, et dites-lui : Vous êtes Italien... Il ne pensera plus à vous répliquer comme autrefois : Mais non, je suis Napolitain, ou Calabrais, ou Sicilien. Tout au plus vous répondra-t-il : Je suis un Italien de Naples, de Reggio, de Brindisi, de Messine; ce qui prouve que, dans son idée, Naples, Messine, Reggio, Brindisi, c'est bel et bien maintenant l'Italie.

CHAPITRE IV

Le mont Vomero et le promontoire du Pausilippe. — La grotte de Pouzzoles et le tombeau de Virgile. — Comment le poète des *Géorgiques* et de l'*Énéide* se trouva transformé en magicien. — Le château de l'Œuf et le tonneau enchanté. — Le tour du Pausilippe ; les villas de Pollion et de Lucullus. — La grotte de Séjan.

I

Le point culminant de la chaîne de hauteurs qui se dresse au nord-ouest de Naples, c'est le mont Vomero, où bientôt l'on montera, comme on monte au Vésuve, par un chemin de fer funiculaire partant du quai de Chiaja. Là est l'ex-couvent des Camaldules, des jardins duquel on a une si belle vue, au nord sur les monts samnites et latins, puis, en deçà, sur la plaine campanienne, où l'on aperçoit Caserte et Nola; au levant sur Naples, le fort Saint-Elme, Castellamare, le Vésuve; au couchant enfin, sur les Champs-Phlégréens, Pouzzoles, le cap Misène et Ischia.

De ce plateau du Vomero se détache un contrefort avancé qui, à l'ouest, tombe à pic sur la plaine de Bagnoli et de Piedigrotta, et à l'est, un peu moins abrupt, vers ce magnifique quai de la Mergellina où aboutit le cours Victor-Emmanuel, tandis que, du côté du midi, sa pente à la végétation plantureuse s'affaisse doucement comme pour mieux se livrer aux caresses des Néréides marines. Cette langue de terre, qui sépare le golfe de Naples de celui de Pouzzoles, c'est le fameux Pausilippe.

Appelé primitivement *Ammœus*, il doit son nom grec de *Pausilippon*, qui veut dire *Sans-souci*, *Bon-repos*, à une villa qu'y possédait le riche affranchi Vedius Pollion. Sa crête ombreuse est aujourd'hui, comme au temps jadis, toute couverte de villas élégantes dont la ligne continue splendidement celle de la Mergellina précitée, et les routes qui la contournent ou l'abordent sont, pour les Napolitains, la promenade du *fresco* par excellence, le côté de la banlieue où défilent, le soir, le plus de piétons et de voitures.

GOLFE DE NAPLES, VU DES CAMALDULES.

La situation de ce promontoire, posé comme un écran entre les deux échancrures de la baie, a nécessité de bonne heure un passage autre que l'ancienne route pavée qui en escaladait le front et dont témoignent encore çà et là des pierres encastrées dans les murs des jardins. De là le tunnel taillé, sans doute au temps d'Auguste, dans le tuf volcanique du rivage, et qu'on appelle indifféremment Grotte de Pouzzoles ou du Pausilippe.

Ce tunnel mesure 900 mètres environ de longueur, et l'on met dix minutes à le traverser. Sa hauteur, de 22 mètres à l'entrée, va décroissant jusqu'à 7 mètres vers le milieu, différence qui provient sans doute de la courbure du sol en dos d'âne pour l'écoulement des eaux de chaque côté. Bien que les princes d'Aragon, au

LA GROTTE DU PAUSILIPPE.

xv° siècle, l'aient fait élargir et ventiler à l'aide de deux puits d'aérage, l'atmosphère y est quelque peu étouffante, et, malgré les becs de gaz qui y brûlent jour et nuit, on y voit assez mal.

La petite chapelle taillée, à droite de l'entrée, dans le rocher, et qu'un grillage sépare de la route, était jadis consacrée à Priape.

Quant à l'ermitage qu'on trouve à l'intérieur de la grotte, à main gauche en allant vers Pouzzoles, c'était, dit-on, primitivement un sanctuaire de Mithras, dont le culte était en effet un culte de cavernes. Or la grotte est orientée de telle sorte que le soleil couchant, aux équinoxes de printemps et d'automne, l'éclaire d'un bout à l'autre pendant trois jours; phénomène qui indique, si on le veut, le triomphe de la lumière sur les ténèbres.

II

C'est immédiatement en deçà de son entrée, du côté de Naples, que se trouve en surplomb sur la route la niche funéraire (*columbarium*) désignée à tort ou à raison sous le nom de tombeau de Virgile.

On sait que le grand poète, tombé malade à son retour de Grèce, mourut à Brindes, selon les uns, à Tarente, selon d'autres, le 22 septembre de l'an 19 avant Jésus-Christ, à l'âge de cinquante-deux ans. Selon le vœu qu'il en avait exprimé, Auguste fit transporter son corps à Naples, et on l'inhuma sur ce mont Pausilippe où il avait possédé un domaine et écrit ses *Églogues* et ses *Géorgiques*.

Un demi-siècle après sa mort, un autre poète, son imitateur, Silius Italicus, acheta, dit-on, pieusement, le coin de terre abandonné où était son tombeau. Ce ne fut toutefois que très tard qu'on s'avisa d'en rechercher l'emplacement. Le grammairien Donatus, qui s'était fait le biographe de Virgile, avait dit que celui-ci était enterré « près de la deuxième borne milliaire de la route de Pouzzoles »; ce fut là-dessus qu'on se basa; par malheur, cette indication vague ne permettait pas de distinguer sûrement la tombe cherchée de celles d'alentour. Aussi ne veut-on voir aujourd'hui dans le monument en question, chambre funéraire de quatre mètres carrés, munie de onze niches et percée de trois petites fenêtres, qu'un *columbarium* de famille quelconque. Cependant l'évêque Alfonso d'Heredia assure qu'en l'an 1500 l'urne du poète y était encore déposée, et que sur la frise, à l'intérieur, se lisait cette inscription composée par Virgile lui-même en façon d'épitaphe :

« Né à Mantoue, mort en Calabre, c'est à Parthénope que je suis à présent. J'ai chanté les prairies, les champs, les héros guerriers. »

TOMBEAU DIT DE VIRGILE, AU PAUSILIPPE.

Toujours est-il que la susdite niche resta un lieu de pèlerinage. L'apôtre Pierre la visita le premier, en se rendant à Pouzzoles; après lui, tous les hommes illustres y vinrent, Dante, Pétrarque et

Boccace. Boccace y trouva sa vocation devant les mânes du glorieux défunt; Pétrarque planta un laurier sur la tombe et écrivit le nom de Laure sur une paroi de rocher voisine. Ce serait alors, dit-on, que le roi Robert d'Anjou aurait emporté l'urne cinéraire, pour la soustraire aux profanations. Plus récemment, Casimir Delavigne y alla planter, à son tour, un laurier, qui a disparu aussi, renversé

NAPLES. — CHATEAU DE L'ŒUF.

par l'orage; mais une branche de l'arbuste sacré, qu'on a soin de renouveler de temps en temps, est toujours fichée à l'entrée de la niche.

D'autres, et le cardinal Bembo notamment, ont prétendu que le chantre d'Énée avait été inhumé au château de l'Œuf, où longtemps il fut l'objet d'un véritable culte populaire. Ici, nous entrons en plein dans la légende de Virgile l'enchanteur.

Chose singulière, en effet : ce ne fut pas un poète, mais un magicien, que le moyen âge voulut voir en lui. Comment se fit cette transformation? D'une façon insensible et toute naturelle. Ne ressortait-il pas de l'*Énéide* que le monde inférieur et souterrain n'avait pas eu de secrets pour Virgile? L'antre de la Sibylle, le sombre Averne, les bords du Léthé, les Champs-Élysées, n'avait-il pas tout exploré et décrit? Les *Églogues* et les *Géorgiques* n'indiquaient-elles pas d'autre part qu'il avait connu la nature, le monde terrestre et ses forces mystérieuses non moins intimement que le royaume de Pluton? L'élève des abeilles, celle du cheval, l'arboriculture, la vie des plantes jusqu'au moindre brin d'herbe, sa plume d'initié avait tout rendu; pas une science qu'il n'eût pénétrée; pas un ordre d'idées que ce docteur magistral n'eût remué. De là à faire de son œuvre un livre de magie, il n'y avait qu'un pas; c'en était si bien un, se disait-on, que l'auteur lui-même, en mourant, avait demandé qu'on le brûlât. Déjà, sous les Césars, on le feuilletait comme une sorte de manuel fatidique; on y cherchait des oracles, ce qu'on appelait les *sortes Virgilianæ*. Les chrétiens même prétendaient y trouver des prophéties relatives au Christ.

C'est ainsi que, peu à peu, dans l'esprit du peuple, Virgile devint le nécromancien par excellence, l'ancêtre et le maître de tous ceux qui s'occupaient de sortilèges et de magie. Le vieux Clinsor était son neveu, et Merlin avait appris de lui son art. Aussi, que de prodiges mis à son actif! C'était lui qui, par ses incantations, avait percé en une nuit la grotte du Pausilippe; c'était à l'éperon extrême de ce promontoire, la *scuola di Virgilio*, comme on continue de l'appeler, que le grand sorcier tenait « école noire ». A Naples, il y avait une porte dite *Porte de fer*, où il avait enfermé tous les reptiles malfaisants de la contrée; il y avait aussi un « garde-manger » bâti par lui, où la viande du bétail abattu se conservait fraîche six semaines durant; l'en retirait-on, elle pourrissait instantanément.

Près du mont Vergine, le poète avait un jardin rempli de plantes magiques; là croissait, entre autres, l'herbe de Luce, au contact de laquelle les brebis aveugles recouvraient la vue. Pour empêcher la fumée brûlante qui s'échappe du Vésuve par un « soupirail de l'enfer » de stériliser tous les germes d'alentour, le même Virgile avait érigé, vis-à-vis de la montagne de feu, une statue de bronze ayant à la bouche une énorme trompe. En soufflant dans le tube, elle refoulait en sens opposé le vent conducteur de la cendre redoutée. Par malheur, le temps ou la méchanceté des humains a brisé cette statue tutélaire, et l'on ne sait que trop ce qui en est résulté.

Que dis-je? Naples elle-même, n'était-ce pas Virgile qui l'avait bâtie sur des œufs au fond de la mer? Pour surcroît, au-dessus de la ville, il avait dressé une tour carrée; au sommet de cette tour, il avait posé sur une tige de fer une pomme ronde; en travers de la tige de fer, il avait placé une bouteille; sur cette bouteille, il avait mis un œuf, et l'on savait que si l'œuf venait à remuer, Naples tremblerait, et que si l'œuf se cassait, Naples serait détruite.

Enfin, tout au bord de la mer, il s'était construit un castel, le *castel d'Ovo*, et ce fut là qu'il se retira, non pour mourir, mais pour se transformer. Seulement, ajoute la légende, il avait compté sans le destin. Le jour venu, il avait appelé son plus fidèle serviteur, l'avait mené dans une cave du castel où brûlait, nuit et jour, une lampe merveilleuse, et lui avait dit : « Tu vois ce tonneau? — Oui, maître. — Eh bien, il faut que tu m'y encaques; tu couperas d'abord mon corps par petits morceaux, puis tu partageras ma tête en quatre; tu la mettras au fond du tonneau et les autres morceaux par-dessus, en ayant soin que mon cœur soit au milieu. Ensuite tu placeras le tonneau sous cette lampe, de manière que, neuf jours durant, elle s'égoutte dedans, et, une fois par jour, tu la rempliras. Au bout de ce temps je serai rajeuni, et une nouvelle vie commencera pour moi. »

Le valet lui obéit de point en point, et, jusqu'au septième jour, tout alla bien. Mais, sur l'entrefaite, l'empereur, qui aimait beaucoup Virgile, voulut absolument le voir. Le serviteur eut beau dire; force lui fut d'ouvrir l'unique porte du château. Que fit l'empereur, en trouvant son ami coupé en morceaux? Il tira son épée, et tua le valet, et voilà comment, en fin de compte, le grand enchanteur resta mort dans le tonneau d'où il devait sortir rajeuni.

III

Le Pausilippe était autrefois le rendez-vous d'été de la belle société romaine. On s'y disputait à prix d'or les plus minces parcelles de terrain pour y élever, avec les dépouilles du monde, des maisons de plaisance bien autrement vastes et fastueuses que toutes celles qu'on y voit aujourd'hui. Avez-vous envie de contempler à l'aise les massives substructions de ces villas, prenez une barque à la Mergellina et contournez le pied du promontoire, car les sentiers qui partent de la route, ne communiquant pas entre eux, vous feraient perdre un temps infini.

Toutes les pentes et anfractuosités de la colline sont creusées de grottes artificielles. Sur les croupes du promontoire, verdoient de toutes parts des bosquets. Çà et là, des palmiers découpent sur l'azur du ciel leurs frondes hiéroglyphiques et dentées; au-dessus d'eux apparaît l'oranger « au tronc de fer, au feuillage de bronze, aux fleurs d'argent, aux fruits d'or »; puis le plaqueminier, le grenadier, le myrte son frère, dont le fruit épicé fournissait son arome aux mets des viveurs, puis l'aloès, dont les minces tiges aux feuilles épineuses s'élancent de toutes les fentes du rocher.

Bientôt, les aspects changent. Du cap Pausilippe jusqu'à la pointe extrême de Nisida, surgissent à vos yeux les débris gigantesques d'un monde architectural évanoui. Les revers du mont, le rivage, le fond de la mer, tout en est rempli. D'après leur caractère, les plus anciennes de ces ruines sont des derniers temps de la République.

Voici, par exemple, près de Marepiano (ou Marechiano), bourg pêcheur sis dans l'anse du même nom, les restes des fameuses piscines de Vedius Pollion, qui légua, on le sait, sa villa à Auguste. Il y en avait de douces et de salées. Les étangs étaient divisés en plusieurs compartiments selon les diverses espèces de poissons. Là on engraissait avant tout des murènes, sortes d'anguilles de mer à la peau mince et tachetée, d'un mètre de long, très aimées encore des Napolitains, qui les pêchent préférablement en novembre. Pline dit que certaines de ces bêtes vécurent là plus de soixante ans. La

NUIT D'ÉTÉ AU PAUSILIPPE.

pâture, il est vrai, ne leur manquait pas ; volontiers on les nourrissait d'esclaves. Un jour qu'Auguste était en visite chez Pollion, un échanson étant venu à casser un vase de cristal précieux, le maître du lieu commanda de jeter le coupable aux murènes ; mais l'esclave échappa à ceux qui le tenaient et courut se prosterner aux pieds d'Auguste, en demandant sa grâce. Non seulement celui-ci la lui accorda, mais il ordonna par surcroît de briser toute la vaisselle de cristal qui se trouvait céans, à seule fin de montrer à Pollion quel était le prix de la vie d'un homme.

Plus loin, près de la Gajola, voici les restes d'une construction à deux étages, qui dépendait sans doute également de la villa de Pollion, et qu'on a nommée le château des Esprits. Sur un éperon de roc insulaire se trouve une grotte, dite caverne de Polyphème ; l'ermite qui l'habite aujourd'hui vit, non pas de chair humaine, mais de poisson et d'aumônes. Dans le petit vallon de Gajola où notre barque s'enfonce au milieu de jardins et de villas, on s'imagine aussi voir le pâtis où paissait le bétail du cyclope. Puis les rochers de la côte croissent sensiblement en hauteur ; leurs parois plongent à pic dans les flots : nous sommes au cap Coroglio, point terminal du Pausilippe. Près de là, en face de l'île de Nisida, nous apercevons d'autres ruines immenses qui s'étalent sur la pente d'un coteau : c'est la villa de Lucullus, que nous a décrite Pline l'Ancien.

Un vrai pendant de la Maison-Dorée de Néron, une merveille édifiée avec les richesses prises à Mithridate et Tigrane. Qu'on se figure un entassement d'édifices, les uns étagés sur la côte, les autres s'avançant sur la mer, tout cela mêlé de jardins et de terrasses ; des portiques sur des portiques, des bosquets sur des murailles. A l'intérieur, resplendissaient de grands salons à la grecque, imités de ceux de Cyzique, où le maître avait séjourné. Au dehors, entre autres arbres fruitiers, il y en avait un que Lucullus lui-même avait rapporté de Cérasonte, ville du Pont ; de là le nom de *cerasus* ou cerisier que lui avaient donné les Romains. Ici, les constructions usurpaient audacieusement sur les vagues au moyen de jetées gigantesques ; là, au contraire, des bassins profonds amenaient la mer au milieu des terres. Toute une montagne avait été percée à grands frais pour qu'un canal vînt alimenter les immenses viviers à poisson du maître ; rien que la gent aquatique qui vivait dans ces bassins sans pareils fut vendue quatre millions de sesterces (près d'un million de notre monnaie), après la mort de celui que Pompée avait

NAPLES, VUE DU PAUSILIPPE.

surnommé le « Xerxès en toge ». Je ne dis rien des œuvres d'art, des peintures et des sculptures de toute sorte qui décoraient cette omptueuse demeure, à laquelle l'Egypte, l'Asie et la Grèce avaients à l'envi fourni leurs trésors, et qui s'étendait jusqu'à cette île Néssi (aujourd'hui Nisida), où Brutus se retira après le meurtre de César.

Tout près de là débouche le second tunnel du Pausilippe [1], appelé d'ordinaire grotte de Séjan, parce que ce favori de Tibère avait une villa dans les environs. Creusé, au temps d'Auguste, par l'architecte Coccéius, puis restauré sous Honorius, il servait jadis de raccourci pour aller de Baïes et de Puteoli aux villas côtières du Pausilippe. Ce n'est qu'au XVe siècle qu'on l'a de nouveau découvert. Il est un peu plus long et plus large que l'autre grotte ci-dessus mentionnée, et muni d'ouvertures latérales par lesquelles le regard plonge dans les profondeurs de la baie. Une fenêtre semi-circulaire percée au-dessus de son entrée ouest fait de loin l'effet d'une étoile scintillante. Au sortir de cette grotte de Séjan, le touriste voit se dérouler devant lui le panorama saisissant des Champs-Phlégréens, contrée étrange, presque énigmatique, que nous allons parcourir à petits pas.

1. Un troisième tunnel, pourvu d'un trottoir pour les piétons, et de deux voies, l'une pour le tramway à vapeur, l'autre pour les voitures, a été percé en 1885 à travers le Pausilippe, dans la direction du hameau de Fuorigratta et de Bagnoli.

CHAPITRE V

Caractère des Champs-Phlégréens. — Le lac d'Agnano et la Solfatare. — Sur la côte de Pouzzoles. — L'Averne et le Lucrin; voyage à travers la mythologie virgilienne. — Les ruines de Baïes et de Cumes. — Dunes et marécages. — L'embouchure du Volturne et la baie de Gaëte.

I

On désigne sous le nom de Champs-Phlégréens (*Campi flagrantes*, Campagnes ardentes) le district de la terre de Labour qui s'étend du Pausilippe au Volturne, le long du golfe de Pouzzoles et du vieux littoral cuméen. Nul coin du monde n'a autant fourni à l'imagination des humains; ce territoire, où les forces naturelles semblent toujours prêtes à sourdre, est resté le royaume par excellence du mythe et de la fantaisie. Virgile, reprenant les légendes d'Homère pour les fondre dans celles du pays, a si bien marqué ce sol à l'empreinte de son grandiose génie, que les archéologues modernes ont voulu y retrouver, dans ses moindres détails, toute la topographie de l'*Énéide* et y suivre jusque sous terre le héros national chanté par le poète.

Prenons d'abord une vue d'ensemble de cette classique région campanienne.

Du Pausilippe, qui est lui-même une paroi de cratère en partie nivelée, une chaîne volcanique de trois lieues de long s'étend parallèlement à la mer. Les cratères se suivent presque sans interruption sur cette ligne. Vers le nord s'élève l'abrupt massif de la Pianura, point culminant des Champs-Phlégréens; en deçà, plus à l'ouest, se creuse le cratère ovale du puissant Astroni, à l'intérieur duquel gisent un petit lac et un vaste parc où Alphonse d'Aragon, en 1452, organisa une chasse solennelle en l'honneur de l'empereur Frédéric III. Plus au sud est la coupe boisée du cratère d'Agnano, puis, vers Pouzzoles, la Solfatare, autre volcan à demi éteint d'où continuent de s'exhaler des fumerolles et des vapeurs sulfureuses. Au-dessus de celui-ci se dressent les collines Leucogéennes; plus loin, d'autres cratères encore, le monte Barbaro (l'ex-*Gaurus* des anciens), le Corvara, dont le sommet porte la petite église de Sant Angelo, le monte Grillo et le cratère pyramidal du monte Nuovo, entre lesquels gît le lac Averne, séparé ainsi de son frère le Lucrin.

Le vieux Pindare, dépeignant ces phénomènes éruptifs, en assignait poétiquement la cause aux mouvements du géant Typhon, le vaincu des dieux de l'Olympe, qu'il montrait étalé depuis la Sicile « pressant sa poitrine velue » jusqu'aux rivages des Champs-Phlégréens.

Si audacieuse que paraisse l'image, la science moderne va plus loin encore. C'est du pied même des Alpes jusqu'à l'île Pantellaria, entre la Sicile et l'Afrique, c'est-à-dire sur neuf degrés de latitude, que s'étend pour elle la fente éruptive dont l'action, amortie au septentrion, ne cesse pas de s'exercer au midi. La traînée de feu commence au nord avec les basaltes du pays de Vicence et de l'Adige, pour se continuer par les monts Berici, les collines Euganéennes, entre les villes d'Este et de Padoue, les monts de la Toscane, du Latium, le gigantesqne Amiata, la Rocca Monfina, le Massico, le Santa Croce, qui, de leurs bavures, ont formé le sol supérieur de la Campanie, puis les volcans phlégréens précités, l'Épomée d'Ischia, le Vésuve, le mont Vultur, le Stromboli et l'Etna... nous ne pouvons qu'indiquer au vol la série.

Fécondité sans bornes d'une part, violence homicide de l'autre, tels sont les deux aspects opposés sous lesquels apparaît, à travers les siècles, cette étrange péninsule italienne où, plus que partout ailleurs en Europe, le duel de la vie et de la mort se montre dans son épique grandeur.

Ce magique décor posé sur la scène, entamons à présent nos étapes de touristes.

II

A une petite lieue du village de Fuorigrotta, qui garde l'issue ouest de la grotte de Pouzzoles, se rencontre d'abord à main droite l'ancien lac d'Agnano, appelé aussi Anguiano, à cause des serpents qui y abondent. On l'a récemment desséché à l'aide d'un canal souterrain aboutissant à la mer, travail qui a eu pour effet de corriger le mauvais air et de gagner à la culture 130 hectares de terrain. Là se trouvaient jadis des bains de vapeur qu'ont remplacés des étuves mentionnées déjà au XVIe siècle par le pape Grégoire le Grand sous le nom de *Thermæ angulanæ*, et qui doivent leur appellation actuelle de Stufe di San Germano à l'évêque de Capoue, Germanus, qui vint y chercher la guérison.

Dans le voisinage est la fameuse grotte du Chien, d'où s'exhalent encore, comme au temps de Pline, à un pied de hauteur au-dessus du sol, des vapeurs d'acide carbonique dont l'influence délétère agit d'une façon plus ou moins active selon les êtres qui s'y exposent[1].

Du lac d'Agnano, on peut, au lieu de regagner la route de tramways de Bagnoli, se rendre à Pouzzoles par deux chemins de piétons dont l'un, ombragé de pins, traverse la Solfatare, tandis que l'autre la contourne en hauteur par l'ancienne *via Puteolana*.

La Solfatare (soufrière) est un ex-cratère, le *Forum Vulcani* des anciens, dont les rebords ont, en s'écroulant, comblé en partie l'intérieur. La principale curiosité de ce bassin, c'est la large fente horizontale qui se trouve à sa partie nord-est et que l'on appelle la Bocca. Au moyen âge, diables et sorcières faisaient leur rendez-vous de ce gouffre; aujourd'hui, l'industrie humaine a mis ordre à ce sabbat démoniaque. A l'entrée même du cratère s'est logée une petite usine où, de la lave désagrégée par les eaux, qu'on désigne sous le nom de pouzzolane (*pulvis puteolanus*), on fabrique un excellent mortier. C'est cette même poussière crayeuse, additionnée

1. Cinq minutes pour une grenouille, sept pour un serpent, dix pour un homme. Elle est ainsi nommée du chien dont on se sert pour faire l'expérience, dans des conditions tout inoffensives du reste.

POUZZOLES.

d'un certain mélange, que les anciens utilisaient pour la construction de leurs édifices, et on la prisait à tel point qu'Auguste payait aux Napolitains une somme annuelle de vingt mille sesterces (cinq mille francs) pour que les colons de Capoue eussent le droit d'user de ce produit.

Pouzzoles (*Puteoli*), fondée par les Cuméens sous le nom de *Dicœarchia* (521 avant Jésus-Christ), fut autrefois une cité importante. De nombreux navires affluaient dans sa baie, apportant à ses magasins ou docks toutes les denrées d'Occident et d'Orient, et particulièrement le blé d'Égypte, chargé sur les *tabellaria*, les tapis de Syrie, l'huile et le vin d'Ibérie. Bref, les négociants de Pouzzoles comptaient parmi les plus riches de l'Empire.

De nos jours, la ville n'est plus qu'une localité de pêcheurs et de menus détaillants, dont le point central est une place de marché ornée d'une fontaine et de deux statues. Son havre si animé à l'époque des Césars n'est qu'une simple *marina* avec quelques bateaux à voiles. Le temps et les flots n'ont pu cependant détruire entièrement l'immense jetée-promenoir (*deambulacrum*), surmontée d'un portique pour les marchands, qui s'avançait jadis au milieu de son port. De cette digue fameuse il reste seize piles, dont treize au-dessus du niveau de la mer. Sur la dernière est un petit phare dont les feux correspondent avec ceux du castel de Baïes situé dans l'anse orientale du golfe.

C'est à Pouzzoles, on le sait, que Caligula voulant renouveler l'exploit de Xerxès sur l'Hellespont, fit jeter, dans la direction de Baïes, un pont de bateaux long de trois mille six cents pas et recouvert d'une chaussée de terre et de pierres à la façon de la voie Appienne. Le premier jour, dit Suétone, le César le traversa à cheval, avec une couronne de chêne et une chlamyde d'or; le deuxième, il s'y pavana sur un char traîné par un superbe attelage et suivi d'un fastueux cortège. La nuit venue, le port et les montagnes d'alentour furent magnifiquement illuminés, et, comme la région a précisément la forme d'un croissant, on se fût cru dans un vaste théâtre dont le plafond était la voûte étoilée. Un grand festin fut donné sur le pont même, et, quand il eut bien bu et mangé, le César ivre fit jeter à la mer ses compagnons, ivres comme lui. Cette fantaisie impériale, ajoute Dion Cassius, causa une famine à Rome, attendu que les navires d'approvisionnement manquèrent au transport habituel des grains.

De nombreuses ruines attestent encore l'antique importance de la « petite Rome », comme on appelait en ce temps-là Pouzzoles.

RUINES DE LA VILLA DE CICÉRON, PRÈS POUZZOLES.

Tels sont, sur la côte, les restes étonnants de ce temple de Sérapis (*Serapeum*) qui a fourni tant de précieux fragments aux musées de Caserte et de Naples. Sérapis, c'était le Jupiter et le Pluton égyptiens en une seule personne. On lui attribuait une puissance souveraine sur la maladie et sur la mort même; aussi passait-il pour le grand guérisseur. Comme Esculape, avec lequel les Romains l'identifiaient volontiers, il agissait par « incubation ». Les malades s'endormaient dans son temple et se faisaient révéler en rêve le mode de traitement à suivre. Les servants de ce dieu, comme ceux d'Esculape, étaient donc à la fois prêtres et médecins.

Une autre ruine curieuse, c'est l'Amphithéâtre, qui pouvait contenir trente mille spectateurs, et dans lequel Néron donna, en l'honneur du roi d'Arménie Tiridate, un combat où ne figurèrent que des Mores des deux sexes, et où lui-même tua, de son siège, deux taureaux d'un seul coup de javelot. Ce fut là que fut martyrisé le diacre Procule, dont la cathédrale de Pouzzoles porte le nom. La vaste piscine, dite le Labyrinthe, qui se trouve aux environs de la ville, servait sans doute, en cas de fêtes nautiques, à amener l'eau dans l'arène.

A ces vestiges du passé il faut ajouter les files de tombeaux découverts sur les vieilles voies romaines, et les débris de la célèbre villa que Cicéron possédait sur la route de l'Averne, et qui, jointe à sa maison voisine du Lucrin, constituait ce qu'il appelle dans une lettre sa « principauté de Pouzzoles et de Cumes (*puteolana et cumana regna*) ».

C'est près de Pouzzoles qu'émergea en huit jours, lors du tremblement de terre de 1538, l'énorme cône déjà mentionné du monte Nuovo, sous lequel on passe pour aller à Baïes. Le village de Tripergola, qui était une station balnéaire très fréquentée, fut englouti dans la catastrophe ; par contre, entre l'ancienne falaise et la mer, se forma une plaine basse nommée la Starza, que le flot s'est remis à ronger très sensiblement dans ces derniers temps. La même révolution géologique a eu pour résultat de combler le canal artificiel par lequel l'Averne communiquait jadis avec le Lucrin, et au percement duquel Agrippa avait employé une légion de vingt mille esclaves.

III

L'Averne ! Le Lucrin ! l'*Achéron* et le *Cocyte* de la fable ! ces mots seuls indiquent au lecteur que nous voici entrés, de ce pas, au cœur même de la légende virgilienne, dans cet empire d'Hécate et de Proserpine, où aujourd'hui encore, au printemps, règne, non plus dans le sombre Érèbe, mais dans les régions lumineuses de l'air, je ne sais quelle puissance mystérieuse qui évoque, par toute cette région lacustre, mille fantasmagories décevantes : c'est la fée *Morgane* avec ses mirages. Une digue, de la largeur d'une grande route, destinée à relier Pouzzoles avec Baïes, sépare actuellement le Lucrin de la mer : c'est l'ex-*via Herculana*, bâtie, selon la tradition, par Hercule, qui, à son retour d'Espagne, y aurait poussé les bœufs de Géryon. Vers la fin de la République, cette chaussée, à moitié détruite par les flots, avait cessé d'être praticable ; Agrippa la fit restaurer, sur les instances des fermiers de la pêche du Lucrin : ce lac, peu profond, fut en effet de tout temps extrêmement poissonneux. C'est là que les premiers parcs d'huîtres furent établis vers l'an 100 avant Jésus-Christ, par un certain Sergius Orata, à qui l'entreprise rapporta une fortune. Ce fut aussi ce même Orata qui, pour s'enrichir encore davantage, inventa les baignoires suspendues; il revendait les maisons de campagne, après les avoir pourvues de cet appareil à tout le moins raffiné.

Aujourd'hui, l'élève des huîtres se fait dans un lac tout voisin, celui de Fusaro, dont je parlerai bientôt ; mais le Lucrin nourrit encore l'espèce de poisson (*spigola*) que les Romains nommaient *lupus*, et des estacades de roseaux en treillis y sont établies pour l'y prendre. Ajoutons que l'ancienne communication du lac avec la mer est attestée par cette anecdote de Pline :

Au temps d'Auguste, un dauphin, qui avait coutume d'y venir, s'était pris d'affection pour un jeune garçon de Baïes qui allait à l'école à Pouzzoles. Chaque jour, à midi, l'enfant ne manquait jamais d'appeler l'animal, auquel il avait donné le nom de *Simon*, et lui offrait un morceau de pain. La bête, en retour, le prenait sur son dos en ayant bien soin de rentrer ses aiguillons, le portait ainsi jusqu'à Pouzzoles, et le ramenait de même à la fin de la journée. Ce manège durait depuis plusieurs années, quand une maladie enleva l'enfant. Le dauphin continua d'attendre quotidiennement à sa place habituelle, en donnant des signes de chagrin de plus en plus visibles, et finalement le pauvre squale mourut de la perte de son jeune ami

LE LAC AVERNE ET L'ANTRE DE LA SIBYLLE.

Le lac Averne (*Cannito*), qui n'est qu'à quelques minutes du Lucrin, mesure trois kilomètres environ de pourtour sur soixante mètres et plus de profondeur. Ses rives, très pittoresques, sont revêtues de roseaux et de buissons, d'où s'élèvent çà et là des bouquets de châtaigniers. Nul oiseau, dit Virgile, n'approchait impunément de ses bords, d'où son nom latin d'*Avernus* (du grec *Aornon*). Aujourd'hui les canards sauvages s'y ébattent; des poissons vivent au sein de ses ondes, sans parler d'innombrables grenouilles qui couvrent parfois sa surface de leurs vertes légions coassantes. Une source, qui coule près du lac, passe pour avoir été l'onde du Styx. Au quatrième siècle encore il y avait, en ce lieu, un oracle, et, durant tout le moyen âge, l'endroit demeura consacré à Perséphone, la déesse infernale.

A la rive orientale de l'Averne s'élève un antique bâtiment, avec colonnes ioniennes et coupole, que l'émersion du monte Nuovo a miraculeusement épargné, et dans lequel on a voulu voir un temple d'Apollon ; peut-être n'est-ce qu'un vestige de thermes. Quant au fameux antre de la *Sibylle* qu'Énée alla consulter, ce serait, assure-t-on, la grotte qui se trouve un peu en hauteur près du rebord sud du bassin (la montagne entière, du reste, est percée d'excavations de toute sorte). Les guides vous ouvrent une porte dans une paroi de rocher treillissée de lierre, et l'on pénètre dans un corridor de quatre mètres de large sur cinq de haut, long de trois mille pas environ, qui aboutit à deux petites chambres où il y a toujours de l'eau sur le sol.

On appelle ce réduit *bain de la Sibylle*[1]. Ce fut à cette prêtresse cuméenne que Tarquin le Superbe acheta, on le sait, la collection des sentences sibyllines que l'on conserva d'abord au temple de Jupiter Capitolin, et ensuite dans le sanctuaire d'Apollon Palatin. La légende raconte que la Sibylle, s'étant rendue incognito à Rome, offrit successivement au roi de lui vendre neuf livres, puis, sur son refus, six, et enfin trois, toujours au même prix, si bien que Tarquin, frappé de la chose, consentit finalement au marché.

On sait aussi que ce recueil acquit bientôt la plus haute valeur, devint l'oracle officiel et sacro-saint par excellence ; on ne le consultait que dans les circonstances décisives et suprêmes, et un collège spécial de prêtres avait été créé pour en interpréter le texte. Quoique brûlés plusieurs fois, ces livres vénérables se trouvèrent toujours remplacés, et ils finirent même mirifiquement par être portés au nombre de quatorze.

L'Averne est réuni à Cumes au travers du mont Grillo, par un

1. D'autres archéologues voient l'antre de la Sibylle virgilienne dans une des grottes creusées au-dessous de l'Acropole de Cumes.

TEMPLE DE VÉNUS, PRÈS DE BAÏES.

tunnel (grotte de Cumes ou di Pace) long d'un kilomètre à peu près, et muni de puits d'aérage qui proéminent au-dessus comme de gigantesques cheminées. Il fut creusé par ce Coccéius qui perça aussi la grotte de Pouzzoles, et toujours sur l'ordre de ce même Agrippa, grâce auquel se trouva éclairci, on peut le dire, le mystère de toute cette région, qui avait dû sans doute à son caractère inextricable et sauvage, à son écheveau de monts et d'épaisses futaies, de devenir le centre traditionnel de la mythologie infernale.

IV

C'est au sud du Lucrin, là où s'amincit la racine du promontoire qui finit à Misène, que s'élevait, sur l'anse du même nom, — un simple évidement du golfe de Pouzzoles, — Baïes la voluptueuse, la cité antique renommée entre toutes pour le charme sans pareil de sa situation et la vie de délices qu'on y menait. Est-il possible que cette côte, qui ne nous apparaît que comme un district insalubre et triste, ait changé à ce point depuis les Romains? Saturnales perpétuelles, fêtes nautiques sur l'Averne et le Lucrin, thermes splendides, sources médicinales de toute sorte, rien n'y manquait jadis aux joies de l'existence. Aussi valétudinaires et oisifs, — demandez plutôt à Horace, — y affluaient à l'envi toute l'année, et des maisons de plaisance, telles que le monde n'en a plus revu, s'y étalaient au loin sur la rive, sur les monts, sur la mer elle-même.

Aujourd'hui, Baïes n'est plus qu'un misérable village où, autour d'un castel ruineux, s'amarrent mélancoliquement quelques barques; des splendeurs de la ville ancienne il ne reste que quelques débris disséminés sur une lieue de long entre les hauteurs et la mer, et notamment des vestiges de bains ayant sans doute appartenu à des villas de la côte.

Cumes, la voisine de Baïes, a laissé d'elle une trace plus grandiose. Tel est d'abord cet *arco felice*, massive arcade de vingt mètres de haut, qu'on rencontre au sortir d'un chemin creux, derrière la grotte della Pace, et qui constituait sans doute la porte nord de la ville; telle aussi l'Acropole, ou monte di Cuma, avec son temple des géants, d'où l'on a tiré la colossale statue de Jupiter placée maintenant au Musée de Naples, puis ses temples d'Apollon et de Diane. Mentionnons encore les ruines d'un Amphithéâtre, et une nécropole très curieuse renfermant trois étages de tombeaux.

Fondée en l'an 1050 avant Jésus-Christ, Cumes nous apparaît

CUMES.

comme la première née des cités grecques de l'Italie. Sa domination s'étendit bientôt sur toute la plaine campanienne; mais elle trouva de puissants adversaires dans les Étrusques qui inquiétaient alors par leurs pirateries tout le bassin de la Méditerranée et vinrent menacer Cumes elle-même avec une grande flotte. La ville ne fut sauvée que par le secours d'Hiéron, tyran de Syracuse, qui anéantit, en cette occurrence, la puissance maritime des Étrusques, comme Gélon son frère avait écrasé les galères de Carthage et Thémistocle

GAETE.

celle des Perses : aussi le poète Pindare, qui vivait justement à cette époque, célèbre-t-il cette victoire navale comme le troisième grand triomphe de la Grèce sur les « Barbares ». Conquise ensuite par les Campaniens, Cumes vit sa prééminence passer à Capoue, et dès lors son rôle fut terminé. Municipe, puis colonie de Rome, elle s'égrugea silencieusement de siècle en siècle. A la fin, de sa

LAC DE FUSARO.

grandeur passée, il ne lui restait plus que son acropole ; Narsès survint, qui la détruisit.

Tout le littoral au-dessus et au-dessous de ces ruines présente une série de lacs marécageux, séparés de la mer par des bandes de sables entrecoupées de forêts de pins et de chênes, ou règne, l'été, la *malaria*. Çà et là quelques huttes rustiques et quelques troupeaux de bœufs paissants. La première de ces nappes d'eau est, au sud, celle de Fusaro, l'*Acherousia* des anciens, qui servait autrefois de port à Cumes; au nord est celui de Licola, un vrai foyer de pestilence, que longeait à l'ouest la *via Domitiana*, dont les fragments recouverts de broussailles sont encore visibles le long de la côte. Plus haut enfin est le lac de Patria, l'ex-*Liternum*, où Scipion l'Africain avait sa villa et où il mourut. La *torre di Patria* marque, dit-on, l'emplacement de son tombeau, renversé au temps d'Auguste par un ouragan, mais que Tite-Live avait encore vu.

Liternum, qui fut jadis une des préfectures de la Campanie, est bien le site le plus attristant que l'on puisse contempler. Sur une lieue de longueur, les dunes de sable étendent leur cordon uniforme léché par le flot; derrière elles apparaît la traînée des lagunes vaseuses. Le *Clanis*, ou *Liternus* (Literno), qui arrive ici des monts du Samnium, s'écoulait jadis dans le lac relié à la mer par un émissaire (*foce*); aujourd'hui il n'y a plus qu'un bras du fleuve qui y passe; la rivière, canalisée, a reçu une nouvelle embouchure à six milles au nord du hameau de Patria; mais la forêt, peuplée d'oiseaux aquatiques, qui revêt de son noir ourlet toute la côte jusqu'à l'embouchure du Volturne, a encore son caractère d'autrefois : c'est la *silva Gallinaria* des Romains, appelée depuis le moyen âge *pineta*. Elle fut longtemps un repaire de brigands.

Nous voici arrivés à la baie campanienne que commande au nord-ouest, par delà les célèbres marais de Minturnes, la vieille ville forte de Gaëte, fondée, dit la légende, par Enée, en mémoire de sa nourrice *Caieta*. Cette place était réputée naguère la clef du royaume de Naples, et ce fut à l'abri de ses murailles que le dernier roi François II essaya, en 1861, de résister aux troupes italiennes. La citadelle renferme la tombe du connétable de Bourbon, tué en 1527 à la prise de Rome. Sur une pointe rocheuse du promontoire qui domine la ville s'élève un autre tombeau en forme de tour : c'est celui de Lucius Munatius Plancus, qui fonda Lyon en l'an 42 avant Jésus-Christ. De là jusqu'à Terracine, les monts s'étendent en amphithéâtre; leurs éboulis ont comblé aux trois quarts l'ex-golfe d'Amyclée; de celui-ci il ne reste que deux lacs, dont l'un, celui de Fondi, a huit kilomètres de superficie. A ce point de la côte se trouve, je l'ai dit, la frontière du Latium et de la Campanie.

CHAPITRE VI

Au cap Misène. — Vue prise sur le golfe de Naples; féerie d'aspects et de couleurs. — Les îles de Procida et d'Ischia. — Chants et tarentelle. — Le volcan l'Épomée; ascension de la montagne. — L'ermitage de Saint-Nicolas. — A la cime. — Casamicciola et le tremblement de terre de 1883; procès-verbal authentique de la catastrophe.

I

Le cap historique de tout ce littoral, c'est le cap Misène, où l'on peut se rendre directement, de Baïes ou du lac Fusaro, par des routes qui se réunissent à l'extrémité sud du mont de Procida, derrière le Mare Morto. Ce Mare Morto, encore un cratère de volcan éteint, était, depuis l'envasement du Lucrin, un des trois bassins de ce grand port militaire de Misène, qui était le point de concentration des flottes de guerre de la mer Tyrrhénienne comme Ravenne était la station de celles de l'Adriatique. Où sont à présent les fières trirèmes, les galères liburnes, les bâtiments à éperons qui se pressaient là autour du vaisseau amiral, reconnaissable de loin à son drapeau de pourpre? Que sont devenus également les immenses constructions de l'arsenal, les magasins de la marine, les casernes qui se dressaient sur ses bords? Le Mare Morto n'est plus qu'un marais; le port extérieur, dont une digue le sépare, n'est plus lui-même qu'une station de barques pour passer aux îles opposites. Seule, une « rue des tombeaux » nous apparaît, près du mont de Procida; c'est le champ de repos où les gens de Misène étaient enterrés; quant aux soldats de la flotte, ils avaient leur cimetière plus à l'est, dans les *columbaria* qu'on a retrouvés du côté de Bauli. Des villas qui couvraient tout ce littoral, dans la direction de Bacoli et de Baïes, il ne reste plus également que quelques ruines : citons, entre autres, la villa de l'orateur Hortensius, dont les débris se voient encore sous les eaux ; celle de César, qui passa ensuite à Auguste et qui fut la résidence d'Octavie; celle de Néron (villa Bauli) où celui-ci fit tuer sa mère Agrippine, puis les maisons de Marius, d'Antoine, de Cor-

RUINES A MISÈNE.

nélie, la fille de Scipion et la mère des Gracques, enfin celle de Lucullus, où mourut Tibère.

Le cap Misène est un énorme rocher qui s'avance fort en saillie dans la mer, et qui n'était jadis relié à la terre ferme que par la mince langue de terre où eut lieu la fameuse entrevue de Sextus Pompée, d'Octave et d'Antoine. Il se termine par une pyramide de pierre qui s'élève comme une sorte de mausolée aux formes sculpturales à 92 mètres au-dessus des flots : de là une légende, sans doute préexistante à Virgile, et que celui-ci n'aura fait que reproduire dans son poème en plaçant à cet endroit le tombeau du vaillant trompette *Misenus*.

II

C'est du haut de ce promontoire de Misène qu'il nous faut contempler à loisir les magnifiques golfes de Naples et de Salerne. De l'île d'Ischia à la pointe de la Licosa, ils se déroulent entièrement à nos yeux, avec leurs trois échancrures dont la plus petite est celle de Pouzzoles. Sur les anses de Pouzzoles et de Baïes planent, nous le savons, le silence et la mort; par contre, la partie centrale de la baie, celle qui finit là-bas à Sorrente, représente le mouvement et la vie dans toute leur intensité. Il en est de même de l'autre revers de la côte sud, du cap Campanella à Salerne, c'est-à-dire du pittoresque rivage ou s'élèvent les villes de Positano, Amalfi, Atrani, Majori ; là, un pied sur le sol, l'autre dans les flots, habite une population mixte de pêcheurs et de maraîchers dont la paresse est le moindre défaut, et qui se partage entre la culture facile du fruit doré des coteaux et le labourage beaucoup plus ingrat de la plaine marine. Plus loin, en revanche, de Salerne à la pointe de la Licosa, on rentre pour ainsi dire dans le royaume de la mort ; là, comme sur la côte de Pouzzoles à Cumes, règnent la solitude, la ruine, et, en maint endroit, la fièvre.

Comme un riant Eden entre deux cimetières, comme une coupe de nectar savoureux entre deux calices empoisonnés, apparaît aux regards du touriste la baie de Naples proprement dite. Le rivage s'y étend toujours merveilleux et toujours divers, de colline en montagne, de promontoire en ravin, et chaque forme nouvelle se relie à la précédente par une série de douces transitions. Pas un trait qui tranche durement dans le tableau. Chaque horizon et chaque ligne semblent polis par une main d'artiste. Les arêtes même les plus vives s'émoussent dans la molle lumière ambiante ; tout s'harmonise et se fond dans l'ensemble.

Voyez la vigne : partout où il y a un étai, arbre, arbuste, fût-ce une simple hampe, elle s'en empare, y pousse et y contourne ses sarments. Cette terre volcanique, ce soleil brûlant gonflent vite le grain parfumé dont le jus vivifie le corps et l'âme des humains. Dans les enclos, sur les blanches terrasses des maisons, à Noël aussi bien

SOUVENIR DE LA BAIE D'AZUR.

qu'en juillet, tout un monde de fleurs et de fruits vermeils égaie le regard du passant. Je ne sais quel sentiment d'amour mutuel a l'air d'animer cette belle nature végétale. Chaque arbre ou chaque bouquet d'arbres se joint et se marie au voisin par un joyeux lacis de plantes grimpantes qui enveloppe tout comme d'une gaze odorante et fait de tout un tissu unique.

Ainsi en est-il dans les jardins et dans les vignobles. Loin des habitations, là où l'homme ne porte pas la main, sur l'âpre rocher que le soleil brûle à son aise, sur les ruines antiques, sur le rivage désert où vacille au vent d'orage la hutte du pêcheur, tout croît à la débandade, tout s'élance sauvagement du sol, en revêtant les formes les plus singulières. Il faut aller jusqu'aux rives brésiliennes de l'Amazone ou du Madeira pour trouver une poussée d'arbres et d'arbustes plus puissante et plus spontanée. A côté du cactus gris argenté croissent et le figuier de Barbarie (*opuntia*) aux épaisses palettes hérissées de piquants, et la tige élancée de l'agave avec sa houppe touffue et jaune pâle, et l'élégant pin-pignon avec son parasol terminal, l'olivier sauvage aux branches torses, le chêne vert, l'arbousier, le caroubier aux grappes pourpres, le myrte aux fleurs blanches, l'éryx autour duquel bourdonnent les abeilles. Je ne parle pas des anémones, des lis, des joncs flexibles et gigantesques qui forment, en toute saison, les menus fourrés de cette flore superbe.

D'indéfinissables senteurs d'arome s'échappent de ce dense fouillis de feuilles et de fleurs. Cette végétation se métamorphose sans disparaître jamais. Pour quelque temps peut-être sa force de vitalité paraît s'affaiblir, non point, comme on le pourrait croire, dans les mois d'hiver, mais durant les torrides chaleurs qui gercent et entr'ouvrent la terre au milieu de l'été. Ce n'est toutefois qu'un moment d'arrêt fugitif. A peine le premier nuage d'automne a-t-il versé l'ondée attendue, que l'étonnante germination reprend de plus belle, et lorsque, dans le Nord, les neiges hivernales commencent à tomber, ici les sucs végétaux jaillissent avec une force nouvelle du sol rafraîchi et revivifié.

Et quel kaléidoscope que la mer qui baigne ces rivages! Quelle merveilleuse variété de couleurs et quelle succession étonnante d'aspects! Vous la voyez passer tour à tour du bleu clair au bleu foncé, de la nuance émeraude à la teinte d'argent ou de plomb, de la blancheur mate au rouge pourpre. Que le ciel se couvre, que la tempête plane sur elle, la voilà noire comme de l'encre. A l'horizon, l'éclair brille; ses fauves reflets illuminent au loin la baie circulaire; vous croyez que la foudre va éclater, que les cataractes du ciel vont s'ouvrir avec de formidables mugissements : détrompez-vous. Neuf fois sur dix, il n'en est rien. Ce n'est qu'un jeu de « Jupiter assembleur de nuages », comme disaient les anciens, une simple féerie d'optique céleste.

Bien souvent, après le coucher du soleil, des rivages de Castellamare ou du quai de Chiaja, j'ai été témoin de ce phénomène. Les premières fois, on attend candidement l'orage, on le désire même, on l'appelle; mais l'orage ne vient pas. Au bout de trois quarts d'heure ou d'une heure, sans qu'on ait pu se rendre compte de cette fantasmagorie météorologique, le firmament s'est nettoyé, les

PÊCHEUR DE LA BAIE D'AZUR.

dernières nuées fuyantes ont éteint leurs fulgurations saccadées; à peine l'œil attentif y saisit-il un imperceptible clignement pareil au frisson léger qui ride la paupière d'un homme endormi... Deux minutes encore, et la déroute des brumes noires sera consommée; la lune blanche et sereine régnera en maîtresse sur la terre et l'onde.

Comme on comprend bien alors l'insouciance du peuple qui habite ces rivages! La ville immense qu'il s'y est bâtie n'est pas, somme toute, autre chose qu'une gigantesque tente-abri, pouvant servir, le cas échéant, de parasol ou de parapluie, une ville dont l'ordonnance a été presque entièrement laissée au hasard, dont la décoration principale a été confiée au soleil, au ciel, à la végétation, à la mer, une ville faite avant tout pour que l'homme s'y laisse vivre sans cassement de tête et au jour le jour.

Il en était ainsi déjà au temps lointain où la langue grecque résonnait sur le golfe; il en était de même encore quand on y parlait latin, sarrasin, normand, espagnol ou français, et toujours il en sera ainsi sur cette portion du ciel tombée en la terre, dans cette atmosphère caressante, où la vie, pour quiconque le veut, peut encore rester aussi simple qu'elle l'était à l'époque d'Homère. Si l'antique sirène a disparu avec les vieux mythes, la nature sur laquelle elle planait n'a point changé de caractère. Les pampres flexibles, les violettes odorantes, les rangées d'aunes et de peupliers, les « pommes d'or » enchantent toujours le paysage de l'antique *Crater*; les mêmes promontoires blancs ou feuillus s'avancent dans l'eau bleue; les mêmes îles dorment au sein des flots. Et cependant, trente siècles ont passé, trente siècles de civilisation, depuis le temps où les filles de rois lavaient leur linge au torrent, et où les rois eux-mêmes, du moins les chefs de tribu tels qu'Ulysse, fabriquaient leurs meubles de leurs propres mains.

III

Après avoir contemplé, du cap Misène, l'immense panorama de la baie de Naples, prenons une barque et faisons-nous conduire aux îles de Procida et d'Ischia.

Procida, — l'ancienne *Prochyta*, — est toute petite : quatre kilomètres environ de longueur. Admirablement cultivé, son sol produit des fruits excellents. Aussi la traversée de l'îlot est-elle une véritable promenade au travers de jardins et de vignobles. Son castel, transformé aujourd'hui en pénitencier, est l'unique édifice qui attire la curiosité du touriste. Quant à la population, elle se compose surtout de marins, pêcheurs de thon et de corail, qui s'aventurent intrépidement sur de simples canots jusqu'aux côtes de l'Afrique.

Ischia, séparée de Procida par un canal de 4,500 mètres de large, est la plus grande île du golfe de Naples : neuf kilomètres de longueur et vingt-huit de circonférence. C'est l'ex-*Pithecusæ* des Grecs, l'*Œnaria* des Romains, appelée Iscla, — d'où Ischia, — depuis le moyen âge seulement.

Vue à distance, elle offre l'aspect d'une pyramide émergeant majestueusement de la mer. C'est l'île des fruits par excellence, et aussi, comme l'indique un de ses noms anciens (*oinaria*, la vineuse?), celle du vin. *Agrumi*[1] et opuntias y croissent en abondance dans les épaisses forêts du mont Vico, et plusieurs de ses crus sont renommés, entre autres le Serrara et le Forio. Ce dernier, qu'on mêle d'ordinaire à la *verdasca* et au *capolese*, se nomme dans le pays *briancolella*. Aussi les Ischiotes, dont le nombre dépasse 25,000, sont-ils pour les trois quarts vignerons; le reste s'adonne à la pêche et à la navigation. Les femmes s'occupent à tisser le chanvre et le lin, à confectionner des ouvrages de paille, des tapis.

Le dialecte local, très caressant, riche en images, résonne volontiers en des chants populaires, dont voici deux échantillons au hasard.

« Je veux aller pêcher; je connais près d'ici une mer si tranquille, si mignonne! Le jeteur de filets y est comme chez lui. M'y voici donc. Que vois-je? Non, je ne suis pas seul; d'autres barques vont et viennent au soleil... ah! c'est que cette belle mer est à tous. »

« Sainte Catherine, chante de son côté la jeune fille, donne-moi un pêcheur pour mari. Voici le samedi soir : il revient. Dieu! comme il sent la mer! Comme l'eau de mer est salée! Cependant le poisson qui l'habite est doux... Mais la feuille de l'olivier est amère, elle aussi, et non moins amer est mon amour plein de jalousie. »

Et la *tarentelle*, que l'on danse ici, combien peu elle ressemble à celle qu'exécutent à Sorrente par exemple dans les salons luxueux des hôtels, devant les étrangers ébahis, quatre ou six couples en cos-

1. En Italie, on appelle *agrumi* (*da agro*), deux classes de végétaux; les uns sont des plantes potagères, tels que l'ail, l'oignon, le poireau; les autres, et c'est de celles-ci qu'il s'agit ici, sont des arbustes fruitiers, tels que l'oranger et particulièrement le citronnier (*limonier*).

SCHIOTES PÊCHANT LE CORAIL.

tume bariolé. Celle-là est absolument de fantaisie. La vraie tarentelle, un legs, dit-on, de l'âge des Sirènes, il faut la voir se nouer, le soir, à Ischia, sur les toits plats des habitations, aux sons de la flûte, du tambourin, et d'une cliquette aux noquets de métal, un peu analogue au sistre antique. Voilà bien la danse échevelée et faunesque, telle qu'on la retrouve figurée sur des peintures exhumées de Pompéi, y compris le claquement de doigts dont elle s'accompagne volontiers.

C'est sous les montagnes d'Ischiaque la fable plaçait, je l'ai dit, le géant Typhon, qui faisait jaillir, en se retournant, une colonne d'eau et de feu. Le monstre existe bien en effet : c'est le volcan l'Epomée, qui rivalise presque avec le Vésuve pour la hauteur. Ce volcan, entouré d'une douzaine de cônes latéraux, a eu plusieurs éruptions connues : la plus violente a été celle de 1302, époque où un courant de lave est venu se jeter dans la mer à la côte nord-est, non loin du chef-lieu de l'île. On a remarqué qu'il y a eu alternance entre les explosions du Vésuve et celles de l'Epomée. Tant que celui-ci s'est agité, le cratère napolitain est resté tranquille ; depuis que l'Epomée est rentré au repos, le Vésuve a recommencé de flamber. Aujourd'hui, le volcan ischiote ne manifeste plus le travail de son laboratoire souterrain que par les sources minérales et thermales qui jaillissent sur divers points de l'île, et qui, avant la catastrophe dont je donnerai tout à l'heure le récit, attiraient chaque été de nombreux visiteurs.

L'ascension de la montagne se fait d'ordinaire d'est en ouest, en partant de Bagno d'Ischia. La route, d'abord ombragée de platanes, infléchit brusquement pour gravir le monte Rotaro, ancien cratère qui a fait son œuvre il y a 2,500 ans et plus, mais dont le vomissement de laves est encore visible sous une superbe végétation de myrtes, de lauriers et de châtaigniers. Arrivés en haut de l'âpre montée, nous avons à droite le mont Toppo et une autre cime dont j'ai oublié le nom, à gauche le point d'émission du torrent igné de 1302, et toujours, sur la croupe, de beaux massifs d'arbres entremêlés de fermes et de vignobles à travers lesquels court le chemin. Au loin, par les éclaircies du feuillage, apparaissent les rochers de Capri et de Sorrente, puis, en arrière, le fort Saint-Elme et les Camaldules. Nous voici à Piejo, un pauvre hameau de quelques maisons, de quoi se mettre à l'abri en cas de pluie. Là, on entre sur le territoire de Barano, grosse commune peuplée de 5,000 habitants, et de l'aspect le plus pittoresque avec ses demeures enguirlandées de vignes. S'engageant ensuite par des gorges où ne croissent plus que des plantes aromatiques, la rampe gagne presque à pic les flancs de l'ancien cratère du volcan. Dans ce désert glabre et brûlé du soleil, il y a cependant encore un petit centre de population : c'est Fontana, le village le plus haut perché de l'île, et, de plus, une vraie oasis alpestre, avec de fraîches sources d'où lui vient son nom. Tous les habitants en sont horticulteurs ou vignerons, et je vous recommande le cru généreux et plein de feu (*vino greco*) qui croît sur ces hauteurs volcaniques.

La cime terminale de l'Epomée s'élance au-dessus de l'aimable bourgade, par delà une série de failles profondes et de précipices. Là, dans les fentes de la roche de tuf, il y a un ermitage avec une petite chapelle consacrée à saint Nicolas, quelque chose comme le Wildkirchli d'Appenzell ou le Longeborgne valaisan. C'est peut-être à ce même endroit que les Grecs avaient jadis érigé un temple au mont *Epopos*, comme ils appelaient l'Epomée. Ainsi que ses confrères de l'Helvétie, ce solitaire a d'excellent vin, et, qui plus est, d'excellente eau, recueillie dans une citerne de roc. De là, une sorte d'escalier conduit au belvédère du sommet, sis à près de 800 mètres d'altitude.

La perspective qu'on embrasse de ce *signal* rémunère largement le touriste de sa peine : c'est d'abord l'île entière d'Ischia avec ses nombreux villages et vergers; plus loin, par delà le golfe d'azur, c'est toute la côte de la mer Tyrrhénienne, de Sorrente à Gaëte, et l'Apennin, du Vésuve aux Abruzzes. On aperçoit aussi dans le lointain, au large du golfe de Gaëte, le rocher de Pandataria (Ventotene), l'îlot le plus méridional du petit archipel des Ponza. Ce fut sur ce misérable récif, long de deux milliers de pas à peine, que furent jadis reléguées et la fameuse Julie, fille d'Auguste, qui y passa cinq années entières, et la femme de Germanicus, Agrippine, et Octavie, l'épouse de Néron, et une parente de l'empereur Domitien, Flavia Domitilla la martyre, dont les restes s'en allèrent reposer dans la catacombe qui porte son nom, sur la voie Ardéatine, près de Rome.

LA TARENTELLE A ISCHIA.

VI

Sise au pied nord du volcan ischiote, la bourgade de Casamicciola était surnommée, à bon droit, la reine des localités balnéaires, quant survint tout à coup, dans l'été de 1883, l'horrible catastrophe que tout le monde connaît et dont je vais narrer les détails.

La saison, cette année-là, était exceptionnellement belle; on évaluait à plus de quinze mille le nombre des étrangers et baigneurs établis à Casamicciola; hôtels et villas, tout regorgeait de monde. Les journées étaient superbes, les soirées fraîches et agréables. Sur le continent cependant, on signalait un certain réveil des forces internes du globe; le 25 juillet il y avait eu un tremblement de terre en Calabre, et, quelques jours auparavant, de légères secousses aux environs de Rome. A Ischia même s'étaient manifestés des symptômes inquiétants. Au commencement du mois, des bruits souterrains s'étaient fait entendre; les fumerolles avaient pris une intensité inaccoutumée, la température des thermes s'était élevée très sensiblement, et de légères trépidations avaient été perçues dans le sol. On avait également remarqué que les hirondelles avaient quitté l'île beaucoup plus tôt que de coutume, que des fontaines s'étaient taries çà et là. Personne néanmoins n'était en défiance.

Le 28 juillet au soir, le dîner venait de finir à l'hôtel de la Petite Sentinella; les étrangers étaient réunis au salon, pour la danse et le chant. A neuf heures et demie, un baigneur s'en alla au jardin prendre l'air. A peine avait-il fait quelques pas, qu'une sorte de coup de tonnerre retentit, suivi d'un épouvantable craquement, et une masse de terre et de débris roule vers lui. Il se sauve à toutes jambes vers la mer. Derrière lui, l'hôtel qu'il vient de quitter n'existe déjà plus; les lumières s'y sont éteintes subitement; tout alentour règne une nuit profonde; au loin des cris effroyables percent les ténèbres.

La catastrophe s'était produite avec la rapidité de l'éclair, « le temps de donner un coup de poing sur la table », a dit un Ischiote. En quelques secondes, Lago Ameno, Forio, Barano, Casamicciola surtout, s'étaient abîmés en un monceau de ruines où cinq mille personnes étaient ensevelies. Il n'y eut absolument de sauvé que les gens qui se trouvaient dehors à ce moment de la journée; tous les autres périrent sur place.

A Naples, où j'étais alors, on n'avait aucun soupçon de ce qui se passait à Ischia; pas le plus petit ébranlement du sol; pas la moindre perturbation enregistrée par le sismographe du Vésuve. Tout le monde se coucha tranquillement. Soudain, à une heure du matin, un coup de canon retentit sur la mer; ce coup est suivi d'un second, puis d'un troisième, dont l'écho se répercute longuement par les hauteurs du Pausilippe.

Serait-ce un navire en détresse? mais la mer est unie comme un miroir, et pas un souffle n'agite l'air.

Un instant après, la trompette résonne dans divers quartiers de la ville. Quelques-uns s'inquiètent; le plus grand nombre continuent de dormir; mais bientôt, force est de se réveiller. « Debout! alerte! crie-t-on de toutes parts; nos frères d'Ischia périssent! »

Quelle nuit! A cinq heures du matin, tout Naples savait ce qu'il en était : « Casamicciola n'est plus! » se criaient les gens d'une terrasse à l'autre. Le préfet et toutes les autorités sont sur pied. Des troupes d'agents de police et de carabiniers courent au quai, où la flottille entière des steamers chauffe et dérape à la hâte, et le télégraphe d'annoncer aux quatre coins de l'Europe la sinistre nouvelle.

Le premier vapeur qui reparut ramenait un ban de survivants, échappés tels quels à la catastrophe, des femmes à demi vêtues, des hommes en habits de femme, puis des blessés qu'emportaient incontinent les civières.

Peu à peu, on eut des détails, et l'on put faire tant bien que mal le dénombrement des victimes. Des familles entières avaient disparu; une entre autres, de Foggia (Apulie), une famille noble, composée du père, de la mère, de la tante, des deux fils et des deux filles. Tous étaient assis à une table du salon de l'hôtel, l'un causant, l'autre lisant, les demoiselles jouant de la mandoline. Tous furent engloutis instantanément, sauf un des fils qui resta pris, la tête intacte, entre deux fragments de mur, d'où on le retira ensuite, les côtes enfoncées. Le propriétaire de l'hôtel du Vésuve à Naples perdit deux filles dans la catastrophe; celui de l'hôtel de Genève y laissa sa femme

LE CHATEAU D'ISCHIA.

et son enfant. Quelques personnes seulement furent exhumées après coup; l'une d'elles, c'était un monsieur, était depuis cent dix heures sous les décombres.

Dans le salon de la Petite Sentinella, hôtel qui était le rendez-vous des familles les plus distinguées, on retrouva assis au piano le

LE CAP MISÈNE, PROCIDA ET ISCHIA.

cadavre d'un Anglais qui jouait au moment fatal un morceau pour la société : c'était la rapsodie hongroise de Liszt. Dans le fumoir on ramassa une assiette sur laquelle un des baigneurs, peu de minutes avant sa mort, avait dessiné la charge d'une autre pensionnaire de l'hôtel. Une dame fut aussi retrouvée en costume de soirée, avec des bijoux au cou et aux mains; puis des enfants dans les bras de leurs mères, des femmes dans ceux de leurs maris. Un Ischiote fut inespérément sauvé par son chien qui réussit, avec sa patte, à écarter le tas de débris.

A la *Marina*, pas une maison n'avait été épargnée; à la partie supérieure de la ville, le grand établissement Manzi, le Grand Hôtel,

A ISCHIA.

la villa Sauvet et la Grande Sentinelle avaient moins souffert; tous les autres étaient détruits. Sur la côte est, la ville d'Ischia n'avait subi aussi que des dommages de peu d'importance.

Le 3 août suivant, dans l'après-midi, il se produisit de nouvelles secousses qui endommagèrent nombre de maisons et tuèrent plusieurs personnes à Forio et à Serrara. Le 4, ce fut à Casamicciola même que les convulsions du sol recommencèrent. Deux femmes furent ensevelies, des soldats périrent dans les fouilles, si bien que les travailleurs ne voulurent plus continuer le déblaiement.

CHAPITRE VII

Le Vésuve autrefois et aujourd'hui. — Resina. — Les croupes du volcan. — Aspect du cratère. — Les dernières éruptions. — Courants de laves et pluies de pierres. — Destructions successives de Torre del Greco. — L'*incendie* de 1872. — Paysages vésuviens. — L'enclos du vigneron. — Idylle ou drame.

I

Au-dessus de la région privilégiée qu'on appelle la terre de Labour, la terre « heureuse », et pour laquelle, selon le mot de Polybe, il semble que les dieux aient fait assaut de munificence, se dresse, à quinze kilomètres de Naples, la fameuse cime où trônait jadis *Jupiter Vesuvius*, le grand dieu de la contrée. Les écrivains antiques parlaient du Vésuve comme d'un volcan éteint depuis des siècles, et nous savons que l'an 231 avant notre ère, Spartacus put faire camper dans son cratère une armée de dix mille gladiateurs. En ce temps-là, nous dit le géographe Strabon, la montagne était tout entière couverte d'herbes et d'arbustes, et ne présentait qu'une seule tête. Aujourd'hui, elle a deux têtes; l'une, la plus rapprochée de Naples, est le cône volcanique ou Vésuve proprement dit, qui paraît avoir été soulevé lors de l'éruption de 79; l'autre est la *Somma*, qui n'est sans doute qu'un reste du cône ancien dont le dôme a été, à la date précitée, projeté dans l'espace. Entre ces deux sommets est creusé un vallon semi-circulaire de 500 mètres de largeur qu'on appelle l'*Atrio del Cavallo*, et qui, de Naples, fait l'effet d'une noire et profonde gerçure. Le pourtour inférieur de la montagne mesure quarante-cinq kilomètres.

Depuis 1879, l'excursion du Vésuve se fait de Naples même, par des voitures qui, partant du quai de Sainte-Lucie, traversent Portici et Resina, et gagnent la gare du chemin de fer funiculaire établie à

LE VÉSUVE, VU DU PAUSILIPPE.

la base même du cône, c'est-à-dire au-dessus de l'Observatoire, à 800 mètres d'altitude. Le railway monte en ligne droite jusqu'à son point terminal, sis 400 mètres plus haut; de la station supérieure un chemin en zig-zag tracé sur la lave mène en moins d'un quart d'heure au cratère dit de 1872, d'où l'on atteint, en cinq minutes, le cône principal. Mais ici, de même qu'au Rigi de Lucerne, le voya-

A PORTICI.

geur qui veut bien connaître le joint des choses, et regarder d'un peu près le sol tourmenté que foule son pied, n'aura garde d'user de ce mode allègre de locomotion. Au prix de quelques fatigues, il entreprendra bravement, de Portici même, l'ascension pédestre de la montagne.

Portici, ainsi que Resina (l'antique *Retina*), qui lui fait suite un peu plus loin sur la route de Pompéi, constitue, par le fait, un faubourg de Naples. C'est une localité de dix mille habitants (l'ex-*Herculis Porticum*) où, en dépit des menaces du Vésuve, de nombreuses villas s'offrent au touriste, avec l'appât de leur triple inscription : *a locare, to let, à louer*. Dès la sortie de la ville, l'ascension commence. Vous cheminez entre des habitations, des jardins, des vignobles bien entretenus, sur de belles dalles taillées dans la lave; puis, peu à peu, les aspects deviennent moins riants; le sol n'est plus composé que d'un cailloutis de scories que consolide mal un empâtement de cendres. Autour de vous, tout est désolé et désert. Quelques arbres rachitiques, quelques maigres touffes d'herbes pointent encore çà et là, mais on n'aperçoit plus trace d'être animé, pas même un oiseau fendant les airs.

Bientôt, de lave en lave, après avoir côtoyé maint ravin pierreux et noirâtre, on arrive à l'ermitage San Salvatore, puis à l'Observatoire, les seuls établissements qui, avant la construction du chemin de fer, rompaient agréablement pour l'œil la monotonie de cette solitude. On s'engage ensuite dans la vallée qui sépare les deux parties de la montagne, et là on longe le cône à la recherche d'un point où l'ascension paraisse praticable.

De toutes parts, la pente à gravir se présente sous la figure d'un âpre talus de cendres, de laves émiettées et de scories meubles. Que vous choisissiez les « éponges de fer » ou la cendre, la montée est également pénible, à cause de l'inclinaison du cône. Tantôt, vous enfoncez jusqu'à mi-jambe dans un sable menu et rougeâtre, tantôt le point d'appui se dérobe, toutes ces mottes de mâchefer vous roulent sous les pieds, et souvent vous reculez de trois pas après avoir avancé d'un. Donc, point de bravade, allez-y doucement, prudemment; ne dédaignez ni le bras, ni, à l'occasion, la corde du guide; autrement il vous en pourrait coûter quelques chutes désagréables — et grotesques — dont vos mains et vos genoux garderaient la marque.

Arrivé au sommet du cône, vous vous trouvez sur une sorte d'ourlet figuré par le rebord d'une vaste chaudière (*calderona*) qui est le

LAVES REFROIDIES

cratère d'éruption. Vous vous avancez jusqu'au gouffre, bien enveloppé dans votre manteau, car le froid est assez vif à cette altitude.

Par l'ourlet même, qui mesure un mètre ou un peu plus de largeur sur 1,800 mètres de circonférence, vous pouvez faire le tour du cratère. Votre premier mouvement, cela va de soi, est de plonger un regard investigateur dans l'abîme fumant. En temps ordinaire, c'est-à-dire quand l'immense gueule est au repos, vous n'y distinguez pas autre chose qu'une sorte de buée blanchâtre qui en intercepte la vue intérieure. Parfois, quand la violence du vent déblaye l'entrée de l'orifice, vous apercevez des fragments de la paroi verticale. La roche dont celle-ci se compose vous apparaît alors dans un état de calcination complète. Quant au fond du trou, où quelques hardis explorateurs, à commencer par Chateaubriand, se sont hasardés au moyen de cordes, il est plus rugueux d'aspect, plus accidenté que les rebords supérieurs. Le feu et les vapeurs sulfureuses l'ont sillonné d'une foule de rides et d'aspérités. Par les crevasses de couleur violette d'où s'échappe une fumée suffoquante, on peut voir que la matière volcanique est toujours incandescente dans les entrailles du monstre.

II

Depuis l'année 79, de terrible mémoire, le Vésuve a eu en effet plus d'une éruption. En 472, les cendres et les poussières qu'il vomit volèrent jusque sur les toits de Tripoli, comme, en 1845, celles du volcan Coseguina (Amérique du centre) tombèrent en pluie dans les rues de Kingston, capitale de la Jamaïque, à 700 milles de distance. En 512 et 685, nouvelles crises. Survint ensuite un repos de plus de trois siècles, qui aboutit à l'*incendie* de 993, pour parler comme les Italiens; puis eurent lieu les éruptions de 1036, 1198, 1500, 1538, 1631, 1737, 1858, 1861, 1872.

En 1538, l'explosion fut précédée d'une série de tremblements de terre qui agitèrent pendant deux années les côtes de Pouzzoles et de Baïes. Le 27 et le 28 septembre, les secousses devinrent encore plus violentes, et durèrent sans discontinuer jour et nuit. Le 29, à deux heures du matin, la plaine qui se trouvait entre la mer, le lac Averne, et le monte Barbaro, se souleva en se crevassant, et forma, on l'a vu ci-dessus, une nouvelle montagne, le *monte Nuovo*, d'où sortirent, la nuit suivante, des jets de flammes accompagnés de pierres et de cendres.

En 1631, au mois de décembre, sept courants de laves jaillirent à la fois. Resina, construite en partie sur l'emplacement d'Herculanum, fut consumée par le torrent de feu; les déjections de boue ou « laves aqueuses » ne furent pas moins destructives; quatre mille personnes périrent.

Lors de l'éruption du mois de mai 1737, l'embrasement fut tel qu'on voyait la flamme en plein jour. Des éclairs (*ferilli*) sillonnaient en tous sens la fumée et les nuages. Le gouffre projetait bien haut en l'air des pierres énormes. Ce n'étaient pourtant que les préliminaires de l'explosion proprement dite, qui eut lieu quelques jours après.

Dans la matinée du 24, une effroyable détonation se fit entendre : c'était la matière incandescente qui venait de percer les parois de la chaudière. De la trouée jaillit un torrent de laves en fusion, suivi, le soir, d'une autre coulée qui dévala vers le pied du mont, tandis que la cime du Vésuve vomissait des tourbillons de fumée, en sifflant et en mugissant tout ensemble. A minuit, le phénomène entra dans une nouvelle phase. La crevasse agrandie lança une quantité prodigieuse de cendres et de pierres. Une forêt de genêts qui couvrait la campagne voisine prit feu et brûla entièrement. Le fracas tonitruant du cratère faisait croire que le mont tout entier allait être mis en pièces. Des trépidations ondulatoires agitaient le sol d'une manière continue; tous les habitants durent abandonner leurs maisons et s'enfuir. Au bout de dix ou douze jours, l'éruption s'arrêta presque soudainement, après avoir produit près de neuf millions de mètres cubes de matières ignées.

En 1858, l'inondation de lave s'avança au pied du Vésuve, entre Massa et San Sebastiano, sous la forme d'un immense mur mobile d'un mille de large et de vingt pieds de haut. « Il venait lentement, implacablement, écrit un témoin oculaire, obstruant les terrains, brûlant les arbres, enlaçant d'abord les maisons qu'il trouvait sur son passage, pour les envelopper ensuite et les recouvrir. On pouvait marcher à reculons devant lui, comme un capitaine devant sa compagnie, et l'on voyait quelque chose comme des vagues de pierres roulant du haut de cette muraille qui s'avançait toujours avec une irrésistible puissance. » A chaque éboulement succédait une autre vague amoncelant d'autres pierres, puis une autre encore, et cette lave, croulant toujours, comblait les ravins, envahissait la plaine, et menaçait tous les hameaux sis au pied du volcan. Les villageois, effrayés, poussaient des cris déchirants. Quelques-uns se jetaient à plat ventre devant la coulée, comme pour s'opposer à sa marche; mais, par son intolérable chaleur, le feu, avant de les atteindre, les rejetait plus loin, et consommait leur ruine en leur refusant la mort.

Il est rare que les éruptions éclatent tout d'un coup ; elles s'annoncent généralement par des signes précurseurs dont les hommes peuvent faire leur profit. Les sources et les puits tarissent; le sol est pris de convulsions ; des bruits souterrains se font entendre ; les animaux, surtout ceux qui vivent en terrier, se mettent à errer avec effarement; la colonne de fumée qui sort du cratère s'élève et s'élargit; des pluies de cendres et de pierres ponces fragmentées précèdent le grand courant de lave.

Ainsi en fut-il notamment au mois de décembre 1861, lors de l'avalanche volcanique qui fondit sur Torre del Greco, Resina, Portici, et toutes les bourgades environnantes. Du 5 au 8, une douzaine de secousses ébranlèrent le sol; puis le flanc du mont s'ouvrit avec fracas au-dessus du Piano, du côté de Torre del Greco. De la déchirure s'échappa un nuage de fumée et de cendres, en forme de pin comme toujours; sous le souffle du vent, il se replia, comme une arche immense, vers l'île de Capri, puis retomba en boue d'un noir roussâtre jusque dans les rues de Naples. Sur la crevasse, longue d'un quart de lieue environ, s'était formée toute une rangée de cônes éruptifs ou de sous-cratères, vomissant des cendres, des scories, des bombes volcaniques.

Les habitants de la malheureuse Torre del Greco, déjà si éprouvés en 1737 et 1794, s'étaient enfuis en désordre du côté de Naples. Le flux de lave s'avançait en effet vers leur ville, qu'on avait eu tout le temps de rebâtir à neuf durant la trêve de 67 ans que le volcan avait accordée aux Torresi. Ce ne fut pourtant pas ce torrent igné qui la détruisit ; ce fut l'effroyable soulèvement du sol qui l'accompagna. Les coulées de laves anciennes et refroidies dans lesquelles se trouvaient les fondations des édifices se disjoignirent en ouvrant partout des crevasses et en écartelant les maisons. Pas un mur ne demeura intact ; tout fut ruiné.

Il y a de cela vingt-huit ans déjà. Pour une cité vésuvienne, c'est un siècle. Depuis lors, une nouvelle Torre del Greco, la huitième, je crois, en cent cinquante ans, s'est élevée au pied du terrible mont.

LE VÉSUVE. — ÉRUPTION DE 1872.

Celui-ci n'a pas cessé cependant de donner dans ce laps de temps des signes non équivoques d'embrasement : témoin l'éruption de 1872, qui causa tant d'émoi à Naples. Dans la journée du 24 avril, de fortes détonations éclatèrent au sein de la montagne, et peu à peu ce fut un roulement de tonnerre à peu près continu. Des pierres et des laves furent rejetées au milieu d'une fumée jaune verdâtre, et une première coulée apparut. Vers minuit néanmoins tout se calma, et la journée du 25 avril fut relativement tranquille ; mais, dans la nuit suivante, l'incendie recommença, accompagné de vomissements laviques qui envahirent rapidement l'Atrio del Cavallo. Vu de Naples, le spectacle était si grandiose qu'une foule de curieux s'en allèrent gravir le flanc de la montagne pour contempler de plus près le phénomène.

Tout à coup, le 26, à trois heures et demie du matin, se produisit une explosion d'une violence extraordinaire. Le cône du Vésuve se fendit depuis le sommet jusqu'à l'Atrio ; deux nouveaux cratères s'ouvrirent à la cime, et une immense quantité de matières incandescentes en sortit. Des pierres furent lancées jusqu'à 1,300 mètres de hauteur, et les cendres allèrent jusqu'à Cosenza en Calabre, à près de 60 lieues de distance. De nombreux spectateurs, qui étaient réunis sur l'Atrio, furent surpris par la coulée ; quelques-uns furent tués par les projectiles volcaniques ou ensevelis sous la lave ardente ; d'autres, blessés seulement, purent atteindre l'Observatoire, où ils n'arrivèrent que pour mourir ; le reste fut transporté à l'hôpital de Résina.

Le principal courant lavique s'épandit, du côté de Torre del Greco, jusqu'à 420 mètres au-dessus de la mer. Dans la journée, deux autres flux se dirigèrent, l'un vers l'ex-couvent des Camaldules sis sur un mamelon au pied de la montagne, l'autre vers l'Observatoire, qu'il enserra entre deux bras de feu, sans toutefois l'atteindre. La nuit, l'éruption continua. A Naples, où la pluie de cendres atteignit jusqu'à cinq centimètres d'épaisseur, l'agitation et l'effroi étaient grands. Quarante mille personnes quittèrent la ville. Par les rues, ce n'étaient que processions avec litanies, et les troupes veillaient, prêtes à tout. Le 27 enfin, la colère du Vésuve s'apaisa peu à peu ; mais son attitude, depuis lors, n'a pas cessé d'être menaçante. Au printemps de 1885, deux crevasses nouvelles se sont ouvertes à 150 mètres au-dessous du sommet, du côté de Pompéi ; plus récemment encore, en février 1886, une coulée de lave s'est formée vers l'Atrio del Cavallo ; bref, tout semble indiquer que le volcan est en pleine activité pour l'instant, et que le plus sage est de se tenir en défiance.

III

Mais on connaît l'insouciance de l'homme à l'égard des forces naturelles. Comme l'inondé qui s'obstine à revenir aux berges du cours d'eau ravageur, le Vésuvien ne peut quitter son mont de feu. Que dis-je ? au pied même du brasier, à Torre Annunziata, une fabrique de poudre a été établie. C'est que, tout compte fait, pour le fleuve de lave de même que pour la rivière liquide, les chances de profit immédiat semblent l'emporter sur les perspectives de désastre à venir. Le terroir napolitain le plus fertile est justement celui qui s'étend à la base de la montagne embrasée, sur les laves à demi effritées, sur les détritus volcaniques datant à peine de quelques années. Là, comme en Lombardie et en Toscane, la petite culture est maîtresse. Le sol y est excellent pour certains arbres fruitiers, et particulièrement pour la vigne. L'essentiel est qu'il soit bien arrosé, et ni citernes ni puits ne font défaut. On a foré là dans la lave de nombreuses machines à élever l'eau, des *Norias*, comme on les appelle, mues par des mulets ou des bœufs. Ormes, peupliers, pins-parasols, cyprès, orangers, limoniers, poussent à souhait sur cette terre ardente, et le pampre s'y peut enlacer à l'aise à toutes sortes d'étais verdoyants.

Aussi le vigneron, comme le maraîcher, affectionne-t-il son petit royaume vésuvien qu'il exploite au jour le jour d'une main industrieuse et patiente. A côté de la hutte grossière, où grouille sa rustique famille, et qui lui sert à la fois de cellier et de magasin, il a son enclos, son verger, où il regarde mûrir et se gonfler le fruit savoureux qui représente sa fortune. Quelle belle récolte de citrons promet l'arbuste tordu et plein de sève qui s'élève du milieu de ces haies fleuries ! Et quel délicieux *lacryma christi* fournira le cep brûlé du soleil ! A tout instant, il est vrai, quelque grondement sinistre peut venir des gorges sombres de la Somma. L'immense chaudière qui bout là-haut, à deux pas du bosquet vésuvien, peut subitement se mettre à gronder. Oui, voici le flanc de la montagne qui frémit ; une cendre meurtrière va s'abattre sur les beaux massifs

PUITS AU PIED DU VÉSUVE.

d'oléandres, sur les grappes savoureuses et dorées, et la lave montera à l'assaut du mur derrière lequel se retranchent ces trésors. Attention, là-bas, habitants de Portici, de Résina, de Torre del Greco, et vous, les gens de l'enclos, au sauvetage, s'il est temps encore de sauver quelque chose!

Alerte! le péril est pressant; le sein de la mer se tuméfie; les cloches des hameaux résonnent à volée, et les chemins se couvrent de fuyards, dont les caravanes éplorées roulent vers Naples. Adieu à la récolte espérée, et aux foudres de nectar précieux, et à la modeste hutte qui renferme l'indispensable mobilier agricole, hélas! déjà renouvelé plusieurs fois... Mais, si cette nouvelle explosion du volcan n'anéantit pas du coup le monde entier, on en sera quitte, après l'*incendie*, pour revenir aligner d'autres plants, creuser d'autres puits dans la lave, et rebâtir des cabanes telles quelles sur les croupes de terrain disponibles.

CHAPITRE VIII

Pompéi avant l'éruption de 79. — Circonstances de la catastrophe. — Le drame de l'ensevelissement. — Mort de Pline le Naturaliste. — Exhumation de la ville. — État actuel des fouilles. — Rues, boutiques, ateliers. — Les théâtres. — La maison pompéienne ; réminiscences de la vie antique. — Herculanum et Stabies.

I

Au pied ouest et sud du Vésuve s'élevaient, il y a un peu plus de dix-huit siècles, trois cités qu'un malheur commun a pour jamais associées dans l'histoire : Pompéi, Herculanum et Stabies. Ces riantes localités campaniennes n'étaient pas seulement de doux nids où, comme à Pouzzoles et à Baïes, on trouvait le repos et la solitude ; c'étaient encore de merveilleux cabinets d'étude pour les lettrés et pour les artistes. Majesté sereine des aspects, charme ineffable de la végétation, tout y était réuni. Aussi la partie de la côte qui se replie vers le promontoire de Sorrente était-elle devenue, au même titre que celle que cache le cap Pausilippe, un des lieux de villégiature favoris des oisifs et des délicats. Cicéron y avait eu une villa, où il écrivit le *De officiis ;* Sénèque y avait passé sa jeunesse ; Phèdre y vécut lui aussi, et l'empereur Claude s'y retirait volontiers.

Bien qu'elle ne fût qu'une ville provinciale de 25,000 habitants environ, Pompéi pouvait passer pour un résumé de la civilisation de l'époque. Dans l'enceinte assez étroite de ses murs étaient rassemblés tous les éléments de la vie publique et privée d'alors, avec les inventions complexes du luxe le plus raffiné. Forums encadrés de portiques, temples somptueux, bains, écoles et théâtres, rien ne manquait à cette petite Rome qui avait, tout comme l'autre, conscience de sa personnalité et s'enorgueillissait de sa splendeur. Aussi bien que la grande métropole, elle avait son sénat, ses patriciens, ses chevaliers et sa plèbe; elle convoquait ses comices, promulguait ses lois municipales, percevait ses impôts, nommait ses magistrats propres, ses consuls, ses édiles, son questeur.

Dans la baie qui lui servait de port, sa *marina*, comme on dirait aujourd'hui, et qui, remarquons-le en passant, était assez éloignée de la pittoresque croupe de terrain où le gros de la ville se trouvait assis, se pressait, à côté des navires de commerce et des bateaux de pêche, la flottille bigarrée des galères appartenant aux particuliers, depuis la pesante *thalamègue* à deux rangs de rameurs, à la proue sculptée en oiseau ou recourbée en panache, aux mâts ornés de banderolles flottantes, jusqu'à la mignonne *scapha* à la voile de pourpre ou de lin blanc.

Et quelle radieuse perspective que celle dont on jouissait de ces bords! A droite dormait Néapolis, la ville grecque; par delà, on apercevait au loin les grandes trirèmes de guerre que commandait, à ce moment, Pline l'Ancien. A gauche, brillaient les rochers de Sorrente, de Massa et du cap Minerve, qui semblaient sombrer tout à coup dans les flots pour en ressortir non moins brusquement avec l'île tibérienne de Caprée. Au fond du golfe, sur les pentes ombragées, s'étalaient les villas fastueuses; derrière elles enfin se dressait le Vésuve, dont l'aspect ne laissait guère soupçonner les tempêtes de feu qui couvaient dans son sein. Des troupeaux paissaient sur ses flancs, au bord de petits lacs miroitants, et ses bocages résonnaient de la flûte des bergers. Seul, son cône, la *Somma*, troué de cavernes, rempli de pierres noires, dénonçait aux savants un ancien cratère, et semblait confirmer une vague tradition qui faisait circuler de mystérieuses menaces autour de la montagne endormie.

Nul néanmoins, dans le joyeux municipe, ni sur tout le pourtour de la côte, d'Herculanum à Oplonte[1] et Stabies, ne songeait à cette vieille prédiction étrusque : « Lorsque la montagne s'ouvrira, la cité tombera; lorsque la fumée couronnera les sommets des champs

1. Aujourd'hui Torre Annunziata.

brûlés, les enfants de la mer connaîtront le malheur et les larmes. » En l'an 63, il est vrai, l'année même où Rome était dévastée par le terrible incendie que l'on sait, un tremblement de terre, qui s'était étendu à presque toute la région campanienne, avait ruiné en partie Pompéi ; mais les habitants, qui s'étaient tout d'abord enfuis, n'avaient pas tardé à revenir, et s'étaient mis à rebâtir leur ville. Seize ans après, sous Titus, toute trace du dégât avait disparu. Les temples et les théâtres s'étaient relevés ; les belles colonnades s'alignaient derechef sous les amples portiques ; les maisons, restaurées dans un style nouveau, avaient retrouvé leurs décorations intérieures, et le peuple se pressait, plus joyeux que jamais, aux jeux sanglants de l'amphithéâtre...

Tout à coup, le 23 novembre 79, éclata en plein jour, au milieu d'une fête, l'épouvantable éruption sous laquelle s'abîma définitivement l'insouciante cité vésuvienne.

II

Depuis quelques jours, on entendait parler de géants qui, tantôt sur la montagne, tantôt au milieu de la plaine, fendaient mystérieusement l'air. Les voilà maintenant qui se dressent de toute leur hauteur dans des tourbillons de fumée ; une pluie de *lapilli*, de graviers, de pierres-ponces et de laves fragmentées, fond sur les murailles, sur les édifices ; à cette chute de débris volcaniques succède un déluge de cendres qui enveloppe tout d'une nuit épaisse ; pour surcroît le sol est pris de convulsions, la mer elle même se soulève et se retire du rivage, où beaucoup de poissons demeurent à sec sur le sable. On eût cru, écrit Pline le Jeune, qui, de Misène, contemplait le phénomène « que tout périssait ». Bombardée à la fois par la foudre et par les scories enflammées, — car toutes sortes de causes de ruine semblent s'être cette fois conjurées, — la ville brûle par parties en s'ensevelissant ; les toits défoncés des maisons s'abattent sur les rues et les cours intérieures ; les larges pierres s'entrechoquent ; tout croule d'étage en étage, au milieu d'une suffocante vapeur, que percent seuls de sinistres éclairs.

Les habitants se sauvent dans tous les sens. Heureusement, des milliers de personnes, au moment de la catastrophe, étaient réunies

ÉRUPTION DE 79. — SOULÈVEMENT DE LA MER.

dans l'Amphithéâtre, et, comme celui-ci se trouvait à l'extrémité de la ville, la foule, rencontrant devant elle les issues libres de la campagne, put échapper au fléau ; il ne resta dans l'arène que les gladiateurs morts et les carcasses de bêtes qu'on y a retrouvés. En revanche, ceux des Pompéiens qui voulurent s'abriter dans les boutiques, sous les arcades ou dans les sous-sols, périrent étouffés par la cendre et les *lapilli*. Dans la rue dite des Tombeaux, des groupes affolés durent se rencontrer, les uns venant de la campagne pour se réfugier dans la ville, les autres s'échappant des maisons pour chercher leur salut en plein air. Un des fuyards s'abattit en avant; un autre tomba sur le dos, les bras levés, ayant à la main des pièces d'or et d'argent, épaves de son bien qu'il voulait sauver. Une femme, tenant un enfant dans ses bras, s'était abritée dans une tombe; l'éruption l'y emmura vivante.

Un soldat, fidèle à la consigne, était demeuré en faction devant la porte d'Herculanum; il mourut bravement à son poste, une main sur sa bouche, l'autre sur sa lance. Une famille entière, celle de Diomède, composée de dix-sept personnes, hommes, femmes et enfants, s'était réfugiée dans une cave; tous y périrent d'asphyxie ou de faim, serrés les uns contre les autres. Seul, Arrius Diomède, le maître de la maison, avait tenté de se sauver, accompagé d'un esclave qui portait sa bourse : il tomba foudroyé devant son jardin. De combien d'autres encore les cadavres, retrouvés de nos jours dans leur moulure de cendre, nous ont raconté la fin dramatique! La pluie de cendres fut telle, qu'à sept lieues du volcan il fallait se secouer sans relâche pour n'en être pas étouffé. Cette cendre alla, dit-on, jusqu'en Afrique, et fit les ténèbres en plein midi dans les rues de Rome.

Dès le début de la catastrophe, le commandant de la division navale de Retina (Resina) s'était adressé à Pline le Naturaliste, préfet de la flotte de Misène, pour obtenir de lui des secours. Pline, dont l'attention était déjà éveillée par le nuage « en forme de pin » qui s'élevait au-dessus du Vésuve, fit appareiller de grandes quadrirèmes chargées de recueillir le plus de fugitifs qu'il serait possible, et lui-même, on le sait, s'embarqua pour aller étudier de plus près le phénomène. Mais, arrivé en vue de Retina, le bâtiment toucha. Des fissures sous-marines, communiquant avec le foyer de l'éruption, avaient sans doute livré passage à des coulées volcaniques, grâce auxquelles l'ancien fond de la mer, formé lui-même d'un terrain éruptif produit par des embrasements extérieurs, se trouva exhaussé d'autant. Le port de Retina, depuis lors, en est resté comblé à demi.

POMPÉI.

Malgré la pluie de pierres calcinées qui tombait à son bord, Pline put néanmoins atterrir un peu plus bas, à Stabies. Là, nous dit son neveu Pline le Jeune, il prit un bain, soupa tranquillement, puis se mit au lit, et ne tarda pas à s'endormir. Bientôt cependant, la cour du logis s'emplissant de cendres et de *lapilli*, on jugea bon de le réveiller. Pline sortit avec ses amis, et comme toutes les maisons

POMPÉI. — LE FORUM.

d'alentour étaient violemment ébranlées et que la chute des pierres continuait, chacun, pour se protéger, s'attacha un oreiller sur la tête. Quoique ce fût l'heure où le soleil se lève, il régnait toujours une nuit profonde, qu'interrompaient seules de sinistres clartés. On se dirigea vers la mer, dont le sein ne cessait de se tuméfier en grondant. Arrivé au rivage, « mon oncle, ajoute Pline le Jeune, demanda de l'eau froide et en but deux fois. Puis l'approche des flammes, annoncée par une odeur de soufre, mit tout le monde en déroute et le força lui-même à se lever ; mais, à peine était-il debout, appuyé sur deux jeunes esclaves, qu'il retomba mort, suffoqué sans doute par l'épaisse fumée. Lorsque, trois jours après, la lumière reparut enfin, on retrouva son corps entier sans blessure. Il semblait dormir ».

III

Après l'éruption, les habitants de Pompéi revinrent pratiquer quelques fouilles sur l'emplacement du municipe inhumé, pour en retirer divers objets de prix ; l'empereur Titus songea même un moment à faire déblayer et relever la ville ; mais le projet n'eut pas de suite. Ce ne fut qu'au XVIIIe siècle que la découverte du théâtre d'Herculanum rappela l'attention du monde savant sur les trois cités vésuviennes dont on avait presque oublié jusqu'aux noms. En 1748, le roi Charles III fit creuser en quelques endroits, et une première portion de la ville revit le jour. Par la suite cependant, grâce à l'incurie des gouvernements, les travaux d'exhumation firent peu de progrès ; il fallut la révolution de 1860 pour leur imprimer une direction intelligente et suivie.

Aujourd'hui, une grande partie de la ville se trouve déblayée ; le reste, enterré sous un coteau couvert de vignes et de vergers, reparaîtra sans doute tôt ou tard à la lumière du soleil ; c'est affaire d'argent et de patience. La couche du sol d'ensevelissement n'a pas moins de quatre mètres de profondeur au-dessus de la terre végétale. Il faut d'abord écarter la végétation, déterminer du mieux possible le tracé des rues, de manière que le coup de bêche n'amène point d'éboulements. Les déblais s'enlèvent ensuite au moyen de wagonnets posés sur des rails inclinés et traînés par des mules.

Entrons, je vous prie, dans ces carrières d'un genre tout nouveau, et avançons-nous sur l'antique pavé, à travers la porte d'Herculanum, jusqu'à la rue des Tombeaux. Quelle silence et quelle impression ! La voici sous nos yeux, moulée toute vivante encore dans la mort, cette cité romaine dont je vous ai narré la fin si tragique.

Elle était, comme vous le pouvez voir, enclose d'une double enceinte de murailles de 3,000 mètres environ de pourtour, construites en

POMPÉI. — RUE DES TOMBEAUX.

blocs de lave sans ciment, et flanquées de tours carrées; mais plusieurs faubourgs en avaient débordé du côté de la mer. Ses monuments se classent en trois groupes, répondant, le premier à la période osque, caractérisée par l'emploi exclusif de la pierre calcaire (*pietra di Sarno*), le second à l'époque samnite, marquée par le tuf (pierre de Nocera), le troisième enfin à l'âge romain (matériaux volcaniques du Vésuve).

La ville possédait trois forums. Sur le principal, qui servait aux réunions politiques et où se rendait la justice, s'élevaient les grands édifices publics, la Curie, le Trésor ou *Ærarium*, le temple de Jupiter, celui de Vénus, patronne de Pompéi, l'école, la prison, le grenier public, etc. Des soixante-deux statues qui le décoraient, il ne subsiste plus que les socles. Le second forum, situé au point le plus élevé de la ville, contenait l'Acropole. Sur le troisième, de forme triangulaire, se dressaient le Grand Théâtre, le temple d'Hercule et l'école des Gladiateurs. A sa droite s'ouvrait le quartier des Soldats, ainsi nommé par les archéologues à cause d'une caserne qu'on y a retrouvée.

Les rues, où se voient encore les traces des ornières creusées par les chars, sont généralement étroites. La plus large mesure 7 mètres y compris les trottoirs. Elles sont, comme la voie Appienne, pavées en gros blocs et bordées de montoirs et de bornes. De place en place se lisent des inscriptions défendant sous peine de « s'attirer la colère des douze Dieux » de déposer ou de faire céans des ordures. Des affiches égayaient, comme chez nous, les murailles. Ici, c'était un avis au public; là une réclame électorale pour un candidat à l'édilité ou à quelque autre fonction publique; ailleurs, une annonce théâtrale : « Tel jour, telle troupe de gladiateurs combattra dans l'amphithéâtre; il y aura des chasses et des tentes, voire des aspersions d'eau parfumée pour rafraîchir les spectateurs. » D'autres placards indiquaient les appartements à louer : dans telle maison, il y a une boutique, un bain, une terrasse, des chambres aux étages supérieurs à céder, au mois de juillet, pour tant de temps. » Puis, des boutades de passants facétieux : « Oppius le portefaix est un filou. » — « Un pot à vin a été perdu; celui qui le rapportera aura telle récompense de la part de Varius; mais celui qui ramènera le voleur aura le double. » Ou encore cette parodie du style lapidaire : « Sous le consulat de L. Nonius Asprenas et d'A. Plotius, il m'est né un ânon. » Je passe d'autres inscriptions où le latin, qui brave l'honnêteté, s'en donnait à cœur joie en fait de crudités.

Les boutiques (*tabernæ*), ornées pour la plupart de mosaïques et de peintures, s'ouvraient sur la rue à peu près comme les nôtres et se fermaient, la nuit, par des volets à coulisses. On y a trouvé les comptoirs et les gradins de pierre qui servaient d'étagères pour ranger les marchandises. Outre le nom du marchand, peint au-dessus de la porte en lettres rouges, elles avaient à l'extérieur des enseignes parlantes, répondant aux divers genres de trafic. Une chèvre en terre cuite, par exemple, désignait une laiterie, un serpent

POMPÉI. — PORTE D'HERCULANUM RESTAURÉE.

rongeant une pomme de pin (l'art d'Esculape triomphant de la mort?) une pharmacie; un moulin tourné par un âne était l'emblème d'un meunier; le cabaret était annoncé par deux hommes portant un bâton où était appendue une amphore.

Beaucoup d'outils de métier parfaitement conservés ont été découverts dans plusieurs boutiques. On peut voir au Musée de Naples les instruments de chirurgien, d'orfèvre, de sculpteur et autres, ainsi recueillis. Dans l'auberge d'*Albinus*, non loin de la porte d'Herculanum, on a trouvé des squelettes de chevaux, des brides, des mors, des débris de roues; dans une autre maison de la même rue, un squelette d'homme et une carcasse de chien, des ossements de femme et des provisions de bouche; dans la maison dite *du Pesage*, ou bureau d'octroi, des balances, des poids, et, dans la cour, les squelettes de deux chevaux ayant au cou des clochettes de bronze.

Deux espèces d'établissements qui abondaient dans chaque quartier, c'était les *thermopolia* ou débits de boissons chaudes (les cafés

POMPÉI. — ENSEIGNE DE MARCHAND DE VIN.

de l'époque), et les *popinæ* (gargotes), où le menu peuple venait manger, à bon compte, les restes des sacrifices achetés aux prêtres par les petits traiteurs. On y a retrouvé jusqu'aux comptes du cabaretier, avec les écots des consommateurs tracés sur les murs. Les boulangeries étaient aussi fort nombreuses. Dans l'une d'elles, rue d'Herculanum, tout l'outillage, four, blé, farine, vases, meules, était encore si bien en place, qu'il n'y avait qu'à refaire une flambée pour reprendre la cuisson interrompue il y a dix-huit siècles. Dans une autre, on a retiré d'un four hermétiquement clos quatre-vingt-deux pains d'une livre, d'une forme ronde, déprimés au centre et divisés en huit lobes, tels qu'en pétrissent encore aujourd'hui les boulangers siciliens. On peut les voir également au Musée national de Naples.

Mentionnons aussi la découverte d'un four public, contenant quatre moulins à bras, celle d'une fabrique de savon et d'une boutique de teinturier-dégraisseur. Dans le temple d'Isis, outre différents objets à l'usage du culte, se trouvaient plusieurs squelettes de prêtres desservants. Un d'eux était en train de dîner: bon menu, poissons, poulets, œufs et vin. Le squelette d'un autre prêtre était au pied du mur; une hache à la main, il s'était ouvert un chemin

POMPÉI. — ATELIER DE TEINTURIER.

jusque-là; mais, terrassé par le déluge de cendre et de feu, il n'avait pu aller plus loin. Dans la maison de Siricus, une chèvre a été retirée du four de la cuisine, où elle avait été se blottir lors de l'éruption; l'animal avait sa clochette au cou.

Pompéi avait deux théâtres. L'un, où se jouait la tragédie, pouvait contenir 5,000 spectateurs. Il était sur une éminence dominant la ville et ses vingt-neuf rangs de gradins faisaient face à la mer, de sorte que les assistants des bancs les plus élevés avaient, durant la représentation, la vue grandiose de la baie et des côtes. Une toile (*velarium*), tendue au dessus de l'hémicycle, abritait au besoin le public contre les ardeurs du soleil. La salle était distribuée en trois cavées: celle d'en bas, réservée aux fonctionnaires et aux notables, celle du milieu où s'asseyaient les gens de la classe moyenne, et celle d'en haut, le « paradis », qui était assignée aux plébéiens. En avant de la scène (*proscenium*) était l'orchestre, où les principaux dignitaires occupaient des siéges réservés; en arrière, caché par un mur orné de colonnes, de statues, et percé de plusieurs portes, s'étendait le *postscenium*, où s'habillaient les acteurs. Le rideau, au lieu de se relever comme chez nous, découvrait la scène en tombant du plafond. Les décors étaient fort simples, presque nuls dans les parties latérales. En cas de changement à vue, on se contentait de faire glisser devant le mur du fond une toile mobile qui suffisait pour tous les tableaux. On a retrouvé des billets de spectacle (tessères): ce sont des espèces de jetons en os, en terre cuite ou en bronze, chacun indiquant d'une manière précise la place où le spectateur devait s'asseoir.

Le Petit Théâtre (Odéon), où l'on ne jouait que la comédie, était disposé d'après le même plan, mais couvert; quinze cents personnes y pouvaient tenir.

L'Amphithéâtre, situé à l'extrémité sud-est de Pompéi, se trouve séparé aujourd'hui de la portion exhumée de la ville par une suite de vignes et de vergers dans lesquels on n'a pas encore creusé. Il se composait de trente-cinq rangs de gradins adossés à la colline. L'arène, entourée d'un mur de deux mètres, formait un ovale de soixante-dix-huit mètres de long sur trente-six de large. Dans cette vaste enceinte elliptique, qui pouvait contenir 20,000 spectateurs environ, se donnaient les combats de gladiateurs et de bêtes féroces.

La partie de la ville mise au jour renfermait en outre deux bains publics. J'ai dit ailleurs, à propos des thermes de Rome[1], ce qu'étaient, chez les Anciens, ces établissements d'hydrothérapie.

A Pompéi, les Nouveaux-Thermes, dits de *Stabies*, se divisaient en bains des hommes et en bains des femmes. On y entrait par une cour encadrée de portiques qui servait, sous le nom de *palestre*, aux exercices gymnastiques. Outre le *tepidarium* (bain tiède), qui était une salle voûtée au pavage de mosaïque blanche et d'une richesse de décoration prodigieuse, il y avait le bain froid (*frigidarium*),

1. Voy. notre volume *Rome et la campagne romaine*, Bibliothèque des écoles et des familles, Hachette et Cie.

l'étuve (*sudatorium*), où la vapeur arrivait par des conduits en terre cuite, puis la chambre des ablutions (*destrictarium*) et la grande piscine de natation ; presque partout plafonds et murs étaient ornés de peintures, d'arabesques et de figures de stuc. Dans ces thermes on a retrouvé près de 1,400 petites lampes de terre cuite.

II

La maison pompéienne était généralement peu spacieuse. L'homme antique vivait bien plus au dehors, sur le forum, dans les basiliques, au théâtre, aux bains, que dans son logis. La plupart des habitations particulières qu'on a exhumées consistent en deux cours intérieures, environnées de portiques et d'appartements. Tout est en profondeur ; la façade n'est que fort peu de chose. Le rez-de-chaussée en était pris par des boutiques qui s'ouvraient, je l'ai dit, sur la rue, dont elles formaient comme un élargissement. Parmi les maisons, les plus remarquables sont celles de Pansa, de Salluste, de Proculus, de Lucrétius et la belle villa suburbaine de Diomède formée de trois étages non superposés, mais sis à des niveaux différute sur la pente d'une colline.

La cour de devant, percée au plafond d'une ouverture livrant passage au jour et aux eaux pluviales, qui étaient recueillies dans un bassin central appelé *impluvium*, portait le nom d'*atrium*. C'était la partie publique de l'habitation, l'endroit où l'on recevait les visiteurs et les clients. Autour d'elle étaient distribuées les chambres à coucher, qui n'étaient en réalité que des cabinets. De chaque côté, deux autres pièces, les *ailes*, servaient de salons d'apparat. Au fond de l'atrium, une salle plus grande, le *tablinum*, où l'on conservait les archives de la famille et les images des ancêtres, reliait le corps de bâtiment antérieur à celui de derrière, qui s'appelait *péristyle* et représentait la partie privée du logis. Celle-là était une vraie cour à ciel ouvert au milieu, ou plutôt un jardinet entouré d'un portique à colonnes et orné d'une fontaine jaillissante.

Quel délicieux *buen retiro* pour les heures chaudes de la journée. « Les feuilles vertes entre les colonnades blanches, dit M. Taine, les tuiles rouges sur le ciel bleu, cette eau murmurante qui chatoie vaguement parmi les fleurs, cette gerbe de perles liquides, ces ombres de portiques tranchées par la puissante lumière, y a-t-il un

POMPÉI. — INTÉRIEUR DE LA MAISON DE PANSA RESTAURÉE.

meilleur endroit pour laisser vivre son corps, pour rêver sainement et jouir de ce qu'il y a de plus beau dans la nature et dans la vie? Quelques-unes de ces fontaines portent des têtes de lion, de petites statues gaies, des enfants, des lézards, des lévriers, des faunes qui courent sur la margelle. Dans la plus vaste de toutes ces maisons, celle de Diomède, des orangers, des citronniers, semblables probablement à ceux d'autrefois, font briller leurs pousses vertes ; tout cela s'ordonne dans l'enceinte carrée d'un grand portique... Les femmes avaient leur gynécée dans le fond, derrière la cour et le portique, asile fermé, sans vue sur le dehors, séparé de la vie publique. Elles ne remuaient pas beaucoup dans ces étroites salles; elles y reposaient paresseusement en Italiennes, ou travaillaient aux ou-

POMPÉI. — MAISON DE LUCRETIUS.

vrages de laine, attendant que leur père ou leur mari eût quitté les affaires et la conversation des hommes. Elles suivaient vaguement des yeux, sur la muraille obscure, non pas des tableaux plaqués comme aujourd'hui, des curiosités archéologiques, des œuvres d'un pays ou d'un art différents, mais des figures qui répétaient et embellissaient les attitudes ordinaires, le coucher, le lever, la sieste, le travail. »

Ce n'est pas que les innombrables décorations qui enrichissaient les principales maisons de Pompéi, attestent un art réel et original ; tout cela, comme on le peut voir au Musée de Naples, composait plutôt un ensemble de jolies petites choses, de charmantes mignardises où l'imagination de l'artiste se donnait librement carrière. En fait d'art, le bon bourgeois ou le gros bonnet du paisible municipe

CORPS DE POMPÉIENS MOULÉS DANS LA CENDRE.

semble avoir aimé par-dessus tout l'éclectisme. Il lui fallait une profusion de guirlandes, de pilastres, des socles couverts de feuillage, des frises agrémentées d'arabesques, des panneaux surchargés de peintures : paysages mignons, bouquets versicolores, natures mortes, combats d'animaux, petites scènes parlantes, mais toujours rentrant dans le cadre de la vie ordinaire et réelle : sur le tout, parfois, une pointe de singularité, de fantaisie, d'*humour*, comme nous dirions aujourd'hui.

Voilà ce qui faisait la joie de ses yeux. Quelques-unes de ces peintures ont l'air de fables d'Esope mises en action ; d'autres sont de piquantes caricatures. Regardez aussi au Musée de Naples ces petits génies, ces danseuses ailées qui semblent suspendues dans les airs. Quelle variété de poses, de mouvements, de gestes et d'attributs? Souvent aussi l'artiste s'élève jusqu'à l'épopée : c'est Briséis emmenée par Agamemnon, c'est le roman d'Ariane, le jugement de Pâris, les travaux d'Hercule, le mythe d'Andromède. J'ai dit que la fameuse statuette du Faune dansant provenait d'une maison de Pompéi, celle précisément d'où l'on a extrait cette gigantesque mosaïque de la *Bataille d'Issus*, qui, intacte, devait se composer de près d'un million et demi de pièces.

On ne se lassera jamais d'étudier ces trouvailles, même les plus infimes, le simple ustensile de ménage, le poêlon ou le chenet, aussi bien que les Apollons, les Vénus, les Silènes, car de quel jour merveilleux tout cela éclaire pour nous non pas seulement l'art antique, mais, ce qui est d'un intérêt plus direct encore, les mœurs, les usages, les cérémonies et tout le train de la vie intime du premier siècle de notre ère!

Herculanum (*Ercolano*), que recouvrent les villes modernes de Portici et de Resina, et qu'on a commencé d'exhumer en 1711, était aussi une des cités les plus florissantes de la Campanie. Elle fut surtout ensevelie sous un flux de matières limoneuses qui, entraîné par des torrents d'eau, descendit des flancs du Vésuve. Cette masse de boue s'infiltra dans les édifices pour y former avec le temps un tuf aussi dur que la lave, auquel vinrent s'ajouter des coulées volcaniques ultérieures, si bien que la croûte accumulée au dessus de la ville acquit finalement une épaisseur de 21 à 34 mètres. Les ruines qu'on a dégagées de cette carapace, bien que moins curieuses que celles de Pompéi, méritent cependant une visite. Là aussi, le petit nombre de squelettes retrouvés prouve que la majeure partie des habitants eurent le temps de s'enfuir. Un théâtre, où l'on descend par un sombre escalier d'une centaine de marches, et qui pouvait contenir 10,000 spectateurs, une basilique à colonnes, une villa, dite d'*Aristide* ou des *Papyrus*, d'où l'on a retiré des trésors de statuaire, tels sont les plus grands édifices mis au jour.

Quant à Stabies, la troisième des localités vésuviennes inhumées, elle est recouverte en partie par la ville moderne de Castellamare.

Les fouilles, qui n'y ont jamais été bien actives, ont fourni seulement quelques objets d'art que l'on peut voir au Musée de Naples. On sait du reste que cette cité, détruite par Sylla dans la Guerre Sociale, s'était mal relevée de ses ruines; lors de l'éruption de 79, ce n'était probablement qu'une bourgade.

CHAPITRE IX

Castellamare et la presqu'île de Sorrente. — L'île de Capri ; souvenirs, sites et mœurs. — Entrée dans le golfe de Salerne. — La côte d'Amalfi. — Tours, rochers et caps. — Coup d'œil à travers la vallée de la Cava. — Salerne. — Aux ruines de Pœstum. — La région du Sele et le Cilento. — Le promontoire de Palinure.

I

Castellamare (château de la mer), bâtie sur les ruines de l'antique Stabies, où périt, nous l'avons vu, Pline l'Ancien, n'est pas seulement le grand port militaire et le principal chantier de constructions navales du nouveau royaume d'Italie ; c'est encore une localité balnéaire et thermale où affluent, en été, les riches Napolitains. Aussi tous les étages de la côte y sont-ils semés de maisons de campagne aux appartements clairs et aérés où pénètre à l'aise la brise du large.

Située à l'angle occidental du golfe, juste au point où les montagnes s'infléchissent pour former le promontoire de Sorrente, la ville est une sorte de *Baiæ* moderne. Bonne station d'hiver à recommander aux malades. *Qui si-sana*, ici l'on se guérit ! Ce nom significatif d'une ancienne villa de Charles d'Anjou résume mieux que toutes les paroles l'extraordinaire salubrité de cet ombreux et pittoresque coin du littoral parthénopéen.

De là jusqu'à Sorrente serpente une route en corniche dont la ligne suit les sinuosités du rivage. De roches abruptes en ravins profonds, elle gagne d'abord la blanche bourgade à toits plats qu'on appelle Vico Equense, puis Meta et son port minuscule, puis Carotto, Pozzo Piano, Majano et Sant'Agnello, autant d'idylles perdues dans les massifs d'oliviers argentés ou dans les noirs fourrés d'orangers; mais la plus merveilleuse est encore Sorrente, la ville des Sirènes (le *Syrentum* des Grecs), qu'on atteint au bout de deux heures environ.

Celle-là est tout un poème, un rêve suspendu entre le ciel bleu et la mer d'azur. De la ville haut perchée sur le roc un chemin conduit, à travers des gorges splendides, jusqu'à la grande Marina où sont les cabanes des pêcheurs.

Sorrente est la patrie du Tasse, qui a sa statue sur la place principale de la petite ville. C'est à Sorrente que l'illustre poète revint déguisé en pâtre, lorsqu'il s'échappa de Ferrare, après sept ans de captivité. Il y habitait au bord de la mer une maison que les morsures continues du flot ont presque aux trois quarts détruite. En fait d'antiquités, — car la localité était déjà fort ancienne à l'époque d'Auguste, — on trouve à Sorrente ou aux environs des restes de temples, des substructions de théâtres, des vestiges de villas et de bains, parmi lesquels le plus poétique est certainement le bain de Diane, un petit port en miniature, un paisible et mystérieux bassin enfermé dans des murs de roches qui figurent une sorte de coupole. La vague qui déferle au dehors éteint son murmure en pénétrant dans cette grotte, comme si elle voulait épier les nymphes aux cheveux ruisselants qui peut-être viennent s'y lustrer.

II

De Massa Lubrense ou de Sorrente à Capri, qui semble posée comme un point sur un i au bout de la langue de terre, le trajet en barque est de deux heures environ. Cette île, l'ancienne Caprée, forme avec Ischia, qui lui est opposée, les bords extrêmes de la baie de Naples. Elle apparaît de loin comme un énorme bloc de rochers. Le soleil ruisselle à flots sur ses falaises grises et abruptes. Par deux endroits seulement elle est abordable.

Capri, — ainsi nommée sans doute des chèvres sauvages qu'elle nourrissait jadis, — fut d'abord une île grecque, peuplée par des

UNE VILLA A CASTELLAMARE.

marins de Taphos; puis elle ne tarda pas à s'unir à Néapolis, l'autre colonie de l'Hellade qui lui faisait face sur la côte, et longtemps leurs destinées se confondirent. Plus tard, l'empereur Auguste

SUR LA ROUTE DE MASSA LUBRENSE.

acheta l'île des Napolitains, et ce fut là que, dans sa vieillesse attristée, il habita une modeste demeure perdue au milieu de la verdure et des fleurs. Quelques années après, le farouche Tibère s'y retirait à son tour, et y élevait, pour les besoins de ses débauches, douze

MAISON DU TASSE A SORRENTE.

villas fastueuses dédiées aux douze grands dieux. Le nom de cet hôte redoutable en est resté à Capri; on l'appelle encore « l'île de Tibère ».

Abordons, je vous prie, à l'étroite plage de galets où vous voyez

GORGE PRÈS DE SORRENTE.

cette flottille de barques tirées à sec sur la rive, au-devant d'une rangée de maisons à toits plats : c'est la ***Marina grande***, c'est-à-dire le port principal de Capri, peuplée d'un millier d'habitants à peine. Nous sommes au pied du mont oriental de l'île. Une étroite rampe, pavée de cailloux luisants, mène d'ici à la ville de Capri, pittoresquement juchée sur de hautes fondations qui apparaissent comme des glacis de forteresse dont la base se cache sous d'épais massifs de verdure.

Nous voici au *Capo*. Sur cette pointe se trouvait le palais de Tibère. Il n'en reste plus que des ruines, le sénat l'ayant fait raser après la mort du César. Cette substruction, là-haut, est celle du temple de Jupiter où le monstre faisait son séjour de prédilection. Nous y allons par une route montante, à travers de beaux champs et des jardins où croissent néfliers du Japon, orangers, figuiers, oliviers. Çà et là se montrent à nous un fût de colonne brisé, un fragment de chapiteau de marbre, des tas de briques effondrés pêle-mêle, en certains endroits, des voûtes. Quelques ânes campaniens dorment tranquillement à l'ombre de ces sinistres débris. La nature environnante est splendide, la perspective merveilleuse. Que de fois, le féroce Tibère a contemplé de là le cap Misène, sans prévoir qu'il y trouverait la mort, dans la maison de Lucullus !

A quelques pas de l'antique palais, une petite plate-forme s'avance en surplomb sur la mer. Ce rocher à pic, d'une altitude de plus de 400 mètres, s'appelle le Saut de Tibère (*il Salto*). C'est de là que les victimes du tyran, après toutes sortes de tortures raffinées, étaient jetées dans les flots en présence du maître, puis frappées à mort par les mariniers qui les attendaient en bas, armés d'avirons et de crocs.

Dans le voisinage se trouve une grotte, *grotta di matrimonio*, ou, plutôt, *di mitramonia*, car elle était consacrée au culte de Mithra. C'est une excavation naturelle, sans doute agrandie par la main de l'homme, au fond de laquelle sont deux larges gradins séparés par un escalier de marbre qu'on suppose avoir été l'autel du dieu phénicien. On en a retiré un bas-relief qu'on peut voir au Musée de Naples, dans la septième salle, si j'ai bonne mémoire.

Non loin de la caverne sacrée, parmi des roches côtières aux formes les plus bizarres, se dresse un porche gigantesque connu sous le nom d'*Arco naturale*. Il a près de 200 mètres d'élévation. Un de ses jambages plonge dans la mer; l'autre repose sur la falaise, au milieu de touffes de genêts, d'acanthes et de câpriers.

CAPRI VUE DE LA MONTÉE DU VÉSUVE.

Quelques houppes de verdure frissonnent au sommet de l'immense arche. La pluie, en filtrant par les pores de la pierre, a entraîné les parties tendres du calcaire, et de longues cristallisations opaques se sont formées sur les flancs du colosse.

Le climat de Capri est doux ; le sol pauvre, mais partout admira-

UNE FONTAÎNE A CAPRI.

blement cultivé. Chaque parcelle de terrain exploitable est opiniâtrément disputée au rocher, étayée de murs et de terrasses artificielles. Le blé ne se sème pas ; on le pique grain à grain, à cause du vent. Les figues sont excellentes, la vigne produit des crus blancs et rouges renommés. L'ensemble de la flore locale est des plus variés : de superbes massifs de soucis sauvages, de liserons, de clématites, d'églantiers, courent en s'entre-mêlant le long des murs ;

GRANDE MARINE A CAPRI.

aloès, nopals, caroubiers et lentisques représentent la végétation du Sud ; le pin laricio, l'arbousier, le peuplier, l'amandier rappellent celle des pays tempérés ; le sorbier et le chêne, celle du Nord.

L'île de Tibère n'a que deux petites villes : à l'est, Capri, au-dessous de laquelle nous avons abordé ; à l'ouest, Anacapri. La première s'étend entre deux petites collines surmontées de forts, le Castello et le forte San Michele ; la seconde occupe le haut plateau du mont Solaro, qui se dresse à près de 600 mètres au-dessus de la mer. C'est une bourgade de 2,000 âmes, entourée de grands jardins et de massifs de verdure. De persistantes rivalités de clocher existent entre elle et le chef-lieu. Les Anacapriotes ne possèdent pas de ruines ; on ne les entend jamais parler de Tibère ; ils affectent même d'en ignorer le nom, et ne se gênent pas pour insulter le saint du voisin, qui leur rend avec usure la pareille.

C'est à mi-chemin entre Capri et Anacapri, que se trouve, au pied d'un rocher à pic, de 400 mètres d'altitude, la fameuse Grotte d'Azur, féerique caverne figurant une sorte de petit havre extérieur, de 50 mètres de long sur 30 de large, où l'on ne se glisse qu'en désarmant l'aviron et en se couchant au fond de l'embarcation. Son nom lui vient de ce que l'onde, dans cet antre obscur, offre une couleur bleu de ciel admirable qui se réfléchit en teintes frissonnantes aux parois de la grotte. Tout est d'azur, mer, barque et voûte ; on dirait d'un palais de turquoise baigné par un lac de saphir.

Ce n'est pas du reste l'unique curiosité de ce genre que possèdent la côte du Napolitain et Capri en particulier. Une autre grotte, appelée la Grotte Blanche, a été découverte par un pêcheur entre la grotte d'Azur et la Marina : dans celle-ci on ne peut pénétrer qu'à la nage. Une troisième, la Grotte Verte, existe sur la rive opposée de l'île.

III

La pointe extrême de la langue de terre où Sorrente est située s'appelle le cap della Campanella ou de la Cloche. Ce nom lui vient d'une cloche qu'on y avait établie, au moyen âge, pour annoncer aux gens du littoral l'approche des écumeurs sarrasins. Nous savons aussi par Strabon que, sur ce même promontoire rocheux où se brisent en mugissant les flots arrivant de Capri, Ulysse avait bâti un temple à Minerve, la déesse « de bon secours » de l'époque païenne. Aujourd'hui, on y allume le soir une de ces lanternes côtières qui ne sont pas moins secourables aux marins : c'est le phare derrière lequel on aperçoit les vestiges d'une villa romaine.

Si l'on double au sud le cap de la Campanella, on entre dans le golfe de Salerne, presque aussi beau que celui de Naples. Après avoir rangé les petits îlots des Sirènes virgiliennes (*i Galli*) — Homère,

ROCHE DE TIBÈRE ET VILLA DE JUPITER A CAPRI.

lui, a placé les siennes sur les côtes de Sicile; — on arrive d'abord à la *Costiera* d'Amalfi, un des districts de l'Italie le plus visités par les touristes. Quel singulier coup d'œil présente de la mer ce rivage, ici dévasté et solitaire, là couvert de vignes, d'oliviers chatoyants, de blanches maisons perdues dans la verdure sombre des orangers, des grenadiers et des caroubiers !

Amalfi fut, au moyen âge, une puissante république commerciale dont le fameux code nautique était adopté de tous les matelots de la Méditerranée. Ses navires ouvrirent même, dit-on, la route de l'Orient à ceux de Pise, de Gênes et de Venise. La partie de la côte qui s'étend, d'ouest en est, de Positano à Cetara, représente à peu près l'ancien territoire de la cité. Toute la presqu'île, jusqu'à Salerne, a eu fort à souffrir des Sarrasins. Regardez ces tours pittoresques qui s'y élèvent, de distance en distance, parmi les agaves, les cactus, les pins-parasols : le peuple les nomme « tours des Normands » ; elles furent construites, la plupart, au temps de Charles-Quint, pour défendre ce littoral de pêcheurs contre les pirates redoutés. Beaucoup sont en ruines ; d'autres ont été restaurées et servent d'habitations aux gardes-côtes du nouveau royaume. Les pirates ont disparu, il est vrai. Il ne reste plus que les pêcheurs, dont le grand ennemi, à présent comme jadis, est le sirocco africain qui soulève parfois d'une terrible façon les vagues de cette baie, moins hospitalière que celle de Naples. On peut même dire que la ruine d'Amalfi, commencée par les Génois et les Pisans, a été achevée par les flots. En 1343, une épouvantable tempête accompagnée d'inondations, la même qui brisa tous les navires à l'ancre dans le port de Naples, dévasta la ville entièrement. Les quais, le vaste havre, les arsenaux, tout a disparu aujourd'hui. De 50,000 habitants, la ville est tombée à moins de 8,000. Ce n'est plus qu'une bourgade délaissée et mal tenue qui n'a pour tout trafic qu'un commerce de papeterie, de fruits du sud, de macaroni et de vin. Il lui reste toutefois du passé sa cathédrale de Saint-André, en style normand-byzantin, restaurée tant bien que mal dans ces derniers temps, et son vieux couvent de capucins, sis à 150 mètres de hauteur, et de la terrasse duquel on jouit d'une si admirable perspective sur la cité et ses alentours.

Ce n'est pas pour le touriste une petite affaire que de gravir les rues en escalier et à passerelles qui emplissent la gorge où Amalfi est blottie. Mais aussi quelle variété de points de vue on découvre de là dans la vallée du Cannetto ! Puis, si la nature y est belle dans

AMALFI VUE DE LA TERRASSE DES CAPUCINS.

sa sévérité, la population y demeure gaie dans sa misère. On travaille dur ici, la vie n'est point facile comme à Sorrente; mais, de même qu'à Sorrente, on travaille en chantant. N'avez-vous point d'aventure entendu, dans la bouche des rameurs, ce chant populaire à quatre voix :

'Ncoppa la montagnella (*bis*)
'Ddo stanno li pastor,
Nce steano tre sorelle (*bis*)
E tutte e tre d'ammor.

Cecilia, la cchiu bella,
Volette naviga ;
Ppe vede' poveriella,
Fortuna de trova'.

« Bello pescatoriello
Vene a pesca' cchiu ccà... »

« Là-haut, sur la montagne où vaguent les pâtres, demeurent trois sœurs jeunes, belles et au cœur tendre. — Cecilia, la plus belle, descendit à la Marina pour manier l'aviron ; la pauvrette voulait voir si elle y trouverait le bonheur. — « O beau petit pêcheur, viens-t-en pêcher ici... »

IV

Atrani, Ravello, Minori, Majori, telles sont les localités principales qui se succèdent sur la première courbe de la baie. Atrani, située à l'entrée d'une sombre vallée, n'est pour ainsi dire qu'un fragment d'Amalfi séparé d'elle par un petit cap, avec un port minuscule où, en cas de mauvais temps, les pêcheurs tirent leurs barques à sec. Un chemin y traverse la gorge sur des voûtes à la hauteur du toit des maisons.

Ravello, bourgade de 2,000 âmes environ, sise, un peu plus loin, sur une montagne, possède des ruines assez importantes d'édifices publics et de palais. Au-dessous d'elle, à l'embouchure d'une petite rivière, se trouve le village industriel de Minori ; puis, au tournant est de la côte, apparaît Majori, localité beaucoup plus peuplée, qui garde l'entrée du val Tramonti, région quasi alpestre, toute pleine d'ombre et de fraîcheur, où s'échelonnent, dans les creux et sur les pentes des montagnes, une douzaine de bourgs ravissants.

En continuant notre route à l'est, nous arrivons à une section

RAVELLO.

de littoral abrupte, où l'on n'aperçoit que des roches calcaires couronnées de créneaux, d'arcs et d'obélisques naturels, et que sillonnent d'étroits vallons dans les profondeurs desquels bouillonnent des torrents tout noirs. Ici s'avance dans la mer un promontoire à deux pointes : la corne ouest est le cap de l'Ours, celle de l'est, le cap du Tombeau, fort redouté, à cause de ses légendes, par les matelots de

Naples et d'Amalfi, et défendu par une ligne de brisants qu'on nomme la Secca del Gaetano. Là, se livra en 1528 un terrible combat entre les flottes française et génoise d'une part, qu'un Doria commandait, et la flotte espagnole de l'autre, que le vice-roi Hugues de Moncade avait sous ses ordres. Après plus de trois siècles

VIETRI.

écoulés, les pêcheurs de la côte assurent que, de temps en temps, le flot rejette encore des débris des galères espagnoles coulées à fond à peu de distance du banc de roc.

En haut se tord en spirale le chemin d'Amalfi à Salerne, une seconde route de la Corniche, encore plus pittoresque et ardue que la rampe qui longe la rivière de Gênes. Passé Cetara, un ancien nid de pirates, dont la vieille tour est surmontée d'un logis habité, on arrive à Vietri, point où le *railway* de Naples à Potenza et à

Métaponte atteint le rivage de la mer. Là s'ouvre une splendide vallée, derrière la coupure de laquelle on aperçoit le cône du Vésuve : c'est celle de la Cava, appelée jadis « Val de Metellus », parce-que Quintus Metellus, le fils du général punique de ce nom, vint, après la bataille de Cannes, y établir une colonie romaine. Dans cette vallée, dont la petite ville de la Cava est le centre, s'élève sur une assise de roc, le cloître bénédictin de la Trinité, classé, comme le mont Cassin, au nombre des monuments nationaux, et laissé, lui aussi, à la vie conventuelle, sous la condition que ses membres se vouent à l'instruction de la jeunesse. Ce district est une véritable Suisse *italienne*, avec des futaies de pins aromatiques et des sites d'un romantisme achevé, où des poètes et des artistes, le Tasse, Salvator Rosa, Walter Scott, sont venus tour à tour chercher l'inspiration dans la solitude.

Enfin, à 5 kilomètres de Vietri, voici la vieille cité de Salerne, un chef-lieu de province, peuplé de près de 25,000 âmes. Robert Guiscard, qui la prit en 1075, la dota de sa belle cathédrale, et fit d'elle un des principaux sièges de la domination normande en Italie. La ville « hippocratique », dont l'école de médecine était si célèbre au moyen âge, n'est pas moins déchue qu'Amalfi sa voisine; mais si elle a perdu son renom de science, elle semble en train de se relever grâce au commerce et à l'industrie. Sa rade est excellente, et l'on connaît le proverbe local : « Que Salerne ait un port, — Celui de Naples est mort. » Le dicton pèche un peu par l'emphase ; toutefois il n'en est pas moins certain qu'il suffirait de construire à la large courbe de la baie un brise-lames et des jetées pour que la petite cité se transformât presque du tout au tout.

V

Quant à Pœstum, ou Posidonie, la ville de Neptune, l'ancienne dominatrice du golfe, elle a disparu entièrement. On ne la trouve même pas mentionnée sur la table de Peutinger. Le putride marécage a envahi son terroir, célébré jadis par les poètes latins comme une merveille de fraîcheur et de végétation. La « cité des roses » n'est plus que la cité de la malaria. Pendant des siècles, ses ruines vénérables n'ont guère été connues que des pâtres et des brigands. Et pourtant que de splendides restes de murailles, de temples, de basiliques, y sollicitent les regards de l'artiste et de l'antiquaire. « Rien ne saurait, dit un écrivain, donner une idée de la profonde impression que cause la vue des grands temples de Pœstum, seuls débris

SALERNE.

restés debout sur cette plage solitaire depuis plus de deux mille ans. Avec quel recueillement mélancolique on se plaît à évoquer sous leurs portiques les générations passées qui s'y sont succédé. Il est surtout une heure inspiratrice de ces rêveries. Pour voir les ruines de Pœstum dans toute leur poétique beauté, il faut attendre que le soleil se plonge dans la mer, que les ombres commencent à s'étendre sur la plaine, que les buffles errants se confondent dans la brume ainsi que des taches obscures, et que, au-dessus des vapeurs méphitiques, les temples doriques s'empourprent des derniers reflets du ciel. Quel sujet de triste méditation que cette éternelle et infaillible périodicité des phénomomèmes naturels dans leurs rapports avec les monuments passagers sortis des mains des hommes ! Depuis des milliers d'années, à chaque saison, à chaque moment du jour, la

RUINES DE PŒSTUM.

même ombre, qui s'allonge sur ces chapitaux et contourne ces colonnes, y mesure, comme sur un gnomon, des heures que l'on ne compte plus, que nul ne redoute, que nul n'espère... Elles glissent comme les pas silencieux du temps sur ce tombeau d'une cité disparue et de générations oubliées et sans nom. »

Pour arriver aux ruines de Pœstum, nous avons dû franchir le Sele, ex-*Silarus*, qui marquait la limite de l'ancienne Lucanie. Vers son confluent avec le Calore, cours d'eau qu'il importe de ne pas confondre avec le fleuve de même nom que le Volturne a pour tributaire, la vallée transversale que parcourt le Sele est barrée par l'immense forêt de Persano qui était, il y a une trentaine d'années, le quartier général de la redoutable bande de Manzi. De là jusqu'au golfe de Policastro s'étend encore un district curieux et sauvage, à peine visité jusqu'ici, et habité par une population exclusivement distribuée en hameaux : c'est le Cilento, au cœur duquel était la *Velia* chantée par Horace. Aujourd'hui même, bien que le chemin de fer de Naples à Reggio traverse cette région, l'étranger ne s'y peut guère risquer sans une secourable escorte de gendarmes. Un autre affluent du Sele, c'est l'ex-Tanager (Tanagro) qui, ainsi que le Rhône à Bellegarde, disparaît tout à coup sous terre dans la colline de Polla (l'ancien *Forum Popilii*) pour en ressortir, 6 kilomètres plus loin, à Pertosa. Une de ses vallées, qui se termine au Sud par le lac de Lagonegro, porte le nom de val de Diane (val Tegiano), et forme la grande route d'accès de la Calabre. C'est par là qu'ont passé toutes les hordes d'envahisseurs ; c'est aussi par son sillon que les Romains avaient dirigé le rameau divergent de la voie Appienne (*Via Popilia*) qui allait de Capoue à Rhegium par Cosentia.

Le golfe de Salerne, que nous venons de parcourir en entier, se termine au sud par la pointe de la Licosa, contrefort du mont Stella qui fait pendant de ce côté au cap septentrional de la Cloche, et dont le nom vient, par corruption, de l'îlot rocheux de la sirène Leucosia (aujourd'hui isola Piana) séparé seulement de la rive par la coupure d'un étroit canal. Plus au sud, passé l'Alento, est le cap Spartivento, l'ex-promontoire de Palinure illustré par Virgile, et près duquel on montre encore, tant la légende a de vitalité, le tombeau érigé au pilote d'Énée. C'est contre ses roches que se brisa, l'an 36 avant Jésus-Christ, l'immense flotte qu'Octave menait vers les côtes de Sicile pour y combattre Sextus Pompée. Après cet éperon, la côte s'évide en un nouveau golfe, celui de Policastro, où nous arrêterons pour l'instant notre course le long des rivages de la mer Tyrrhénienne.

CHAPITRE X

A travers l'*Oberland* des Abruzzes et du Samnium. — Le Gran Sasso d'Italia; par quel chemin on monte à sa cime. — La vallée de l'Aterno; les massifs de la Majella et du Matese. — Plateaux, gorges et cols. — Aux rives du Calore; les *Fourches-Caudines*. — Excursion au Monte Vergine. — Bénévent. — Descente sur les plaines de la Pouille.

I

Des quinze provinces dont se composait l'ex-royaume de Naples, les plus septentrionales sont celles des Abruzzes et du Molise ou Sannio (ancien Samnium) qui élèvent leurs monstrueux massifs à l'est du Latium et de la terre de Labour. C'était le cours du Tronto qui, du côté de l'Adriatique, marquait la limite des États de l'Église. Un embranchement de voie ferrée, détaché de la grande ligne de Bologne-Brindisi, remonte aujourd'hui la vallée de l'antique *Truentus* jusqu'à Ascoli (*Asculum*), la première cité de l'Italie qui, lors de la Guerre Sociale, se déclara contre les Romains. Un peu plus bas, sur le littoral, un second *railway*, établi dans une autre vallée transversale, celle du Tordino, atteint Teramo (*Interamna*), l'ex-chef-lieu de l'Abruzze Citérieure Première. Entre cette ville et Aquila, chef-lieu de l'Abruzze Ultérieure Deuxième, se dresse le plus haut relief de l'Apennin, le Gran Sasso ou Monte-Corno (2,921 mètres), dont les escarpements majestueux dominent toute cette région sabellienne habitée jadis par des peuples que Rome eut tant de peine à soumettre. Ce géant des Abruzzes, véritable sommité alpestre, aux flancs couverts de forêts et de pâtis, au front ceint de neige une moitié de l'année, se compose de deux cimes, dont l'une,

GRAN SASSO D'ITALIA.

celle de l'est, a été gravie pour la première fois en 1871, et l'autre, celle de l'ouest, réputée la plus difficile, en 1872. Depuis lors cepen-

PETITE FILLE DES ABRUZZES.

dant on a découvert un nouveau chemin où les avalanches de pierres sont moins à redouter.

D'Aquila, les ascensionnistes se rendent au bourg de Paganica, puis, de là, au hameau de Camarda, derrière lequel cesse la zone cultivée où mûrit le maïs. De ce point, une rampe en lacets mène au col de la Portella (2,300 mètres), échancrure de quelques mètres de large entre deux croupes de rochers, puis à l'entonnoir du Champ du Péril (*Campo Pericoli*) qu'on atteint par une pente de neige très abrupte. Ensuite, en s'aidant de l'*alpenstock*, on gagne le premier contrefort du pic, auquel fait face à gauche une autre sommité un peu moins élevée, le *pizzo d'Intermezzole* (2,246 mètres). Une superbe flore toute alpine de gentianes, d'hélianthèmes, d'anémones, rappelle au touriste les monts de l'Helvétie. Enfin, après une marche de six heures environ depuis le col précité, on arrive au sommet, dont le plateau, assez étroit, ressemble un peu à la cime du Piz Languard engadinois et à celle de la Dent du midi valaisane.

La moitié de l'Italie avec les deux mers, voilà le panorama que l'œil embrasse du haut de cette fière montagne dans les replis de laquelle vivent l'ours et le chamois, et où les Romains plaçaient l'ombilic de la péninsule. Au nord, on discerne tout l'enchevêtrement des Alpes romaines, étrusques et ligures ; au sud, apparaît le massif entier des Abruzzes avec la lointaine éclaboussure des douces collines campaniennes, puis, au delà de celles-ci, le vague relief des monts de l'Apulie et de la Calabre ; à l'ouest enfin luit la mer Tyrhénienne sillonnée par les voiles de Marseille, de Gênes, de Naples et de Messine, et, à l'est, l'Adriatique, avec les navires grecs et levantins. Cet oberland est, on le devine, la région de l'Italie où il fait le plus froid : le « freddo d'Abruzzo » dit-on aujourd'hui, comme jadis on disait : « les frimas des Marses et des Pélignes ».

II

Entre la chaîne du Gran Sasso et celle du Monte Velino, situé plus à l'ouest (2,487 mètres), se déroule le cours de l'Aterno, le plus puissant de tous les fleuves que le pays envoie à l'Adriatique. Issu à 1,100 mètres d'altitude des avants-monts septentrionaux du Sasso, il arrose du nord-ouest au sud-est cette longue vallée centrale des Abruzzes ; puis, au delà de Popoli et des ruines de l'antique Corfinium, il in-

DANS LES ABRUZZES. — DÉPART DES TOURISTES.

fléchit vers le haut défilé par lequel il s'échappe de l'enceinte des monts, pour gagner la mer à Pescara (autrefois *Aternum*). C'est un peu au-dessous de cette courbe fluviale que se trouve Sulmona, l'ex-*Sulmo*, qui vit naître Ovide. Là se rejoignent, ou sont à la veille de se rejoindre, quatre chemins de fer, venant des quatre points cardinaux, de Terni, de Rome, de Chieti et de Bénévent. La contrée, qu'arrose le sauvage Sagittario, est la plus curieuse qu'on puisse voir.

Adieu les districts cultivés et vivants d'amont : nous voici entrés de ce pas dans les mornes défilés de la gigantesque Majella, dont le point culminant atteint près de 2,800 mètres, et où se raccordent les deux chaînes du plateau abruzzais. Là, dort, à 930 mètres de hauteur, au-dessous d'un ermitage solitaire, le pittoresque lac de Scanno qu'aucun touriste ne manque d'aller visiter. En attendant la voie ferrée qui, demain, traversera ces districts épiques, et reliera Sulmona à Campo-Basso, c'est-à-dire le Sannio aux Abruzzes, on y chemine par des routes blanches montant à travers des rochers nus dont les parois polies étincellent au soleil comme des plaques de métal. Pas d'autre végétation que des maquis de lentisques ; pas d'autres habitants que des pâtres, fils des anciens Samnites, escortée du grand chien loup de la région. L'hiver, tout le pays appartient aux bêtes fauves.

Au delà de Rocca Valloscura, bourgade dont les maisonnettes dévalent pêle-mêle au fond d'un étroit ravin dominé à l'est par le mont Rotella, la chaussée actuelle monte par un col sis à 1,300 mètres au plateau connu sous le nom de Piano di Cinquemillia. Ce n'est qu'une sorte de steppe herbu, sans cesse balayé par des souffles glacés, où vient pâturer, dans les mois d'été, le bétail de la Pouille. Une autre bourgade, Roccaraso, quelques hameaux épars à droite et à gauche sur les pentes, rompent seuls la solitude de ce district.

De là, par de superbes défilés où les chênes abondent, on descend vers Castel di Sangro (l'ex-*Aufidena*), sis encore à 800 mètres d'altitude. A l'horizon ouest, s'élève la crête aiguë de la Meta (2,200 mètres), que la profonde coupure du Sangro (ex-*Sagrus*) sépare des Abruzzes. On remonte ensuite derechef pour franchir un nouveau col à 1,052 mètres d'altitude, et, passé la longue rue d'Isernia, on entre dans le bassin du Volturne, — le fleuve *roulant*, auquel les Romains, après la conquête du pays, consacrèrent un culte public comme au Pô. Les cultures alors reparaissent ; nous touchons à l'antique *Venafrum* (Venafro), la riante cité des oliviers chantée par Horace, Ovide, Cicéron, Pline et Martial. La vallée en même temps

VALLÉE DES FOURCHES CAUDINES.

s'élargit ; à gauche se groupent les montagnes du Matese (ex-*Tifernus*) dont la plus haute cime, le Miletto, dépasse 2,000 mètres. Ce massif qui fut le dernier boulevard de l'indépendance des Samnites, embrasse un périmètre de vingt lieues entre la terre de Labour et la province de Molise, dont le chef-lieu est Campo Basso.

BOSQUET D'OLIVIERS PRÈS DE VENAFRO.

III

Plus bas enfin, on pénètre dans la vallée du Calore, au centre de

MONTE VERGINE.

laquelle se trouve Bénévent, dont nous parlerons tout à l'heure. Le

Calore, qui n'a que 116 kilomètres de cours, reçoit à Bénévent le Sabato, dont la vallée est parallèle à la sienne, mais plus riante d'aspect et plus large. Les deux grandes cimes de cette région, entre Caserte à l'ouest et Avellino au midi, ce sont le Taburno (1,247 mètres) et le Vergine (1,328 mètres). C'est un peu en deçà de Bénévent, dans la *valle caudina*, non loin du petit village d'Arpaja, qu'on s'accorde généralement à placer les fameux défilés où les Samnites firent passer les Romains sous le joug en 300 avant Jésus-Christ. D'autres érudits, au contraire, reportent le théâtre de cet événement un peu plus au nord-est, dans la vallée de l'Isclero, c'est-à-dire sous les flancs même du Taburne. Quant au mont Vergine, sa célébrité est d'un genre tout autre; elle lui vient du sanctuaire vénéré où, chaque année, à la Pentecôte, toutes les populations du pays vont en pèlerinage.

La montagne, qui s'élève isolée en avant de l'Apennin napolitain, était déjà un rendez-vous de dévotion au temps des Grecs. Sur sa cime se dressait un temple dédié à Diane ou à Cybèle, et, sous la domination romaine, la route qui conduisait de Naples à ce *sacrarium* s'appelait « ad Matrem Magnam ». Tout le district d'ailleurs était consacré : dans la plaine se trouvait un temple à Apollon; à Mercogliano, tout près de là, il y avait un autel à Mercure, et une prairie du pays porte encore le nom de Vesta. La grande procession napolitaine qu'attire le couvent bâti à 1,270 mètres d'altitude est, disons-le, une affaire d'or pour les marchands de guitares, de tambourins et de castagnettes, car, à la pieuse cérémonie, succèdent invariablement le chant et la danse. La fête a lieu le soir. Le long cortège gravit, à la lueur des torches, le chemin en spirale qui monte de Mercogliano au sanctuaire de la madone. A son arrivée, la cloche de l'église exécute ses plus audacieuses volées. Tous les échos retentissent de l'hymne : *Salve regina, mater misericordiæ.* Les sous, les pièces d'or pleuvent alors dans les troncs sacrés; après quoi, le peuple redescend les pentes de la montagne, tout à la tarentelle et à la joie.

MOULIN PRÈS D'ARIANO.

IV

Achevons maintenant notre exploration du massif central en poussant de Bénévent aux plaines de la Pouille.

RIVES DU CALORE, PRÈS DE BÉNÉVENT.

Bénévent, fondé, dit-on, par Diomède, s'appela d'abord *Maleventum* à cause des vents violents qui y soufflent. Des Samnites il passa aux Romains, puis aux rois lombards, qui le gardèrent jusqu'au XIe siècle, époque où les Normands l'occupèrent. On sait qu'en 1808 Napoléon l'érigea en une principauté dont le prince de Talleyrand fut le titulaire; après quoi (1815) il revint aux États de l'Église et forma jusqu'en 1860 une délégation du Saint-Siège enclavée dans le royaume de Naples. Les tremblements de terre, si fréquents dans cette région de l'Italie, ont fait du reste à la ville plus de mal encore que les hommes. Une cathédrale du XIIe siècle assez mal restaurée, un Corso, un lion de marbre, sculpture de l'époque samnite, qui supporte un obélisque devant le château, enfin un arc de triomphe en marbre de Paros (*Porta Aurea*), le mieux conservé de la péninsule après celui d'Ancône, et, comme ce dernier, érigé à Trajan, voilà ce qui reste, à cette cité de 20,000 habitants, de sa grandeur et de sa gloire passées.

A l'est de Bénévent, les dernières projections crétacées de l'Oberland du Samnium s'abaissent en pentes assez douces. Après une série de tunnels, la voie ferrée atteint Ariano, petite ville de 15,000 âmes bâtie sur un triple mamelon, à une certaine distance du *railway*; sept ou huit lieues plus loin, elle arrive à Bovino (l'ex-*Vibinum*, 8,000 habitants); là, elle franchit la ligne de partage des eaux par une autre galerie souterraine de 4 kilomètres à peine, et au sortir de cette galerie elle pénètre dans la plaine de la Pouille par la vallée du Cervaro.

CHAPITRE XI

A travers les plaines de la Pouille. — Les villes de Foggia et de Lucera; sites et souvenirs historiques. — Le promontoire du mont Gargano. — Les rives de l'Ofanto et le champ de bataille de Cannes. — Au pays d'Horace; Venouse et le Vultur. — La Terre de Bari. — Brindes et la péninsule d'Otrante. — Santa Maria di Leuca.

I

Le *Tavoliere di Puglia* (table ou plaine de la Pouille) embrasse, dans la Capitanate et une partie de la province de Bari, une étendue de vingt-cinq lieues de long sur douze environ de large. C'est un pays plat, sillonné à peine de quelques terrasses basses, sans un arbre, qui contraste étrangement par son aspect monotone avec la pittoresque région des Abruzzes que nous avons tout à l'heure explorée. Desséché en été, il se couvre en hiver d'herbages abondants que viennent paître d'innombrables troupeaux descendus des montagnes voisines. J'ai parlé ailleurs[1] de ces bergers à demi sauvages, quelque peu cousins des brigands, qui *transhument*, suivant les saisons, d'un district de pacage à l'autre. Qui veut bien connaître ces singuliers nomades doit traverser au moment favorable les plaines de la Pouille : c'est par millions que l'on compte les têtes de bétail qui émigrent dans cette contrée presque exclusivement pastorale.

Il n'y a pas longtemps encore, toute la Pouille était asservie à la pâture. Non seulement il était défendu aux propriétaires de bestiaux, ainsi qu'aux pâtres des trois provinces des Abruzzes, de con-

1. *Rome et la campagne romaine*, Bibliothèque des écoles et des familles, 2e série, Hachette et Cie.

duire, l'hiver, leurs bêtes ailleurs que sur ces terrains; mais, de plus, ils devaient s'y rendre à des époques fixes, sous l'œil même de surveillants attitrés, et par des chemins spéciaux. Depuis 1865, le gouvernement italien a prononcé l'affranchissement de cette immense zone de pacage; les fermiers, libres désormais de disposer du

RESTES D'AMPHITHÉATRE A BÉNÉVENT.

sol à leur gré, se sont mis à le défricher par endroits, et la vie commence à y revenir, lentement, il est vrai, faute de capitaux.

La grande cité et le chef-lieu de cette contrée, c'est Foggia, peuplée de 40,000 habitants. Elle occupe au centre de la vaste plaine l'emplacement de l'ancienne Argyrippe des Grecs (l'Arpi des Romains), fondée, dit-on, par Diomède, et dont il ne reste plus que de minces débris à deux lieues au nord de la localité moderne. Ruinée entièrement au siècle dernier (1731) par un violent tremblement de

TAVOLIÈRE DI PUGLIA.

terre, Foggia a été rebâtie tout à neuf, et présente aujourd'hui, avec ses larges rues soigneusement dallées, un aspect assez agréable. L'animation n'y manque pas non plus, car elle est le principal marché de bestiaux et de céréales de la Pouille. Son nom de Foggia lui serait même venu des *Foveæ* (fosses) où, de toute ancienneté, on conserve les grains jusqu'à l'époque de la vente. Toute une place de la ville est ainsi creusée en *silos* ou magasins ménagés dans le sol. Ajoutons en passant que cette coutume de l'*ensilage*, toujours pratiquée en Italie, en Sicile, en Espagne, en Afrique, — ceux qui ont visité l'Algérie s'en souviennent, — remonte aux Perses et aux Égyptiens. Plusieurs écrivains latins la mentionnent. Varron assure que, dans les *silos* des Romains, construits tout en maçonnerie, le grain était si bien à l'abri de l'humidité et de l'air, qu'il pouvait se garder un demi-siècle. A l'époque de Pompée, nous dit Pline, on découvrit dans une grotte, non loin d'Ambracie, un tas de fèves qui s'y était conservé depuis le temps de Pyrrhus, c'est-à-dire pendant cent vingt ans.

L'autre ville principale de la Pouille, c'est Lucera (16,000 habitants), située, non plus comme Foggia sur le parcours de la voie ferrée de Brindisi, mais plus à l'ouest, sur un âpre plateau qui commande au loin l'immense plaine poudreuse. Aussi, dès la seconde guerre du Samnium, joua-t-elle un rôle en rapport avec son importance stratégique. Ce fut même en marchant à son secours, — car elle avait embrassé le parti de Rome contre la ligue des tribus sabelliennes, — que les légions de Posthumius furent prises au piège des Fourches Caudines. Plus tard, Annibal n'épargna rien pour s'emparer de cette cité haut juchée, qui lui eût fourni, au sein de l'Apulie, une base d'opération excellente; par malheur, il n'y put réussir, et cet échec contribua pour beaucoup à sa défaite finale. Plus tard encore, Pompée s'y réfugia; puis, au XIIIe siècle, Frédéric II y établit une colonie militaire qui compta jusqu'à soixante mille musulmans.

Là, le « Sultan de Lucera », comme on appelait le prince Souabe, vivait à la façon d'un souverain oriental. Il avait son arsenal, son trésor, sa mosquée, ses troupes de chameaux, son équipage de chasse arabe et son harem. Après lui, son fils Manfred, dans sa lutte contre le Saint-Siège, trouva également son plus ferme appui chez les Sarrasins de Lucera. C'est avec eux qu'il faisait trembler le pape, qui, du haut des bastions de Civita Vecchia, voyait les hordes de l'hérétique ravager la campagne de Rome. Quand il eut succombé sous les coups de Charles d'Anjou aux champs de Bénévent (26 février 1266), et que le jeune Conradin eut levé, à son tour, l'étendard gibelin dans la Pouille, Lucera fut de nouveau assiégée, mais sans que les assaillants pussent la prendre. Enfin, après l'exécution de son rival (1268), le terrible chevalier, frère de saint Louis, parvint, avec l'aide de la famine, à faire capituler la redoutée citadelle.

Ce fut la fin de cette principauté arabe qui s'était élevée au sein de l'Italie. La grande mosquée de Lucera fut rendue au culte chrétien et consacrée solennellement à la Vierge. C'est la belle cathédrale à trois nefs, en style ogival normand, que possède toujours la cité. Puis, quelques années après, sur les instances de Boniface VIII, toute la colonie sarrasine fut impitoyablement massacrée. Cet auto-da-fé acheva de purifier la ville iapygienne, qui, depuis lors, n'est plus revenue à l'Islam. Quant au château-fort bâti jadis par Frédéric II, il en reste encore une enceinte imposante de près d'un kilomètre de circuit et vingt tours découronnées de leurs créneaux. Le palais de justice s'y élève aujourd'hui.

II.

De Foggia se détache un tronçon de voie ferrée qui se dirige à l'est vers le golfe de Manfredonia. A mi-chemin à peu près, on franchit le Candelaro, qui se déverse à droite dans une lagune, le *lacus Pantanus* des anciens, qu'on appelle actuellement *Stagno salso*. Là se trouvait autrefois le port de *Sipontum*. Une église, située sur le bord extrême de la lagune, et de vastes catacombes rapellent encore l'importance de cette ex-colonie romaine, dont les débris ont servi en majeure partie à bâtir une autre cité fondée tout près de là, au pied sud du mont Gargano; je veux parler de Manfredonia. Si cette dernière n'est point devenue le gros centre administratif et commercial que Manfred entendait faire d'elle en la créant au

XIIIe siècle, du moins est-elle une localité vivante et proprette, pourvue d'un môle magnifique, un centre d'exportation de grains où relâchent, à l'aller et au retour, les bateaux à vapeur faisant le service de tout le littoral, de Venise à Ancône et à Brindisi.

Le mont Gargano, — le *Garganus* battu de l'Aquilon dont nous

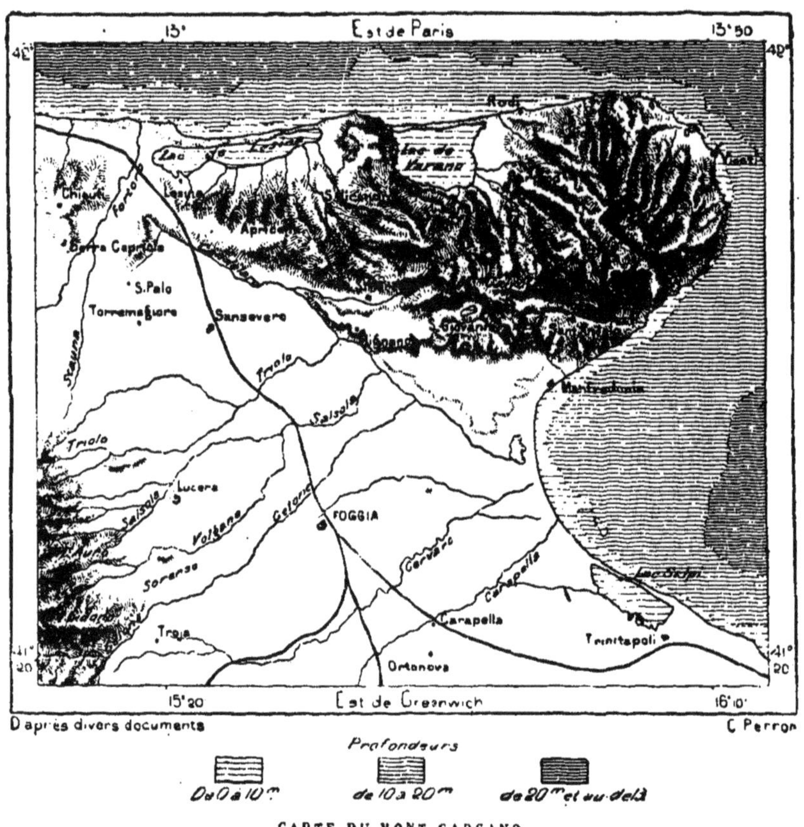

CARTE DU MONT GARGANO.

parle Horace, — est ce massif péninsulaire qui s'avance au loin dans l'Adriatique à l'extrémité nord-est de la Capitanate, et figure comme l'éperon de la botte italienne. C'était jadis un repaire de pirates sarrasins. Des futaies encore belles de pins et de mélèzes, entremêlées de fourrés d'arbousiers et de caroubiers, couvrent ses vallées et ses pentes. Cependant, sa sommité culminante, comme l'atteste son nom de mont Chauve (monte Calvo, 1,560 mètres), a subi une complète déforestation.

Sur sa croupe méridionale, à 750 mètres d'altitude, toute une ville peuplée de 17,000 âmes, Sant'Angelo, s'est formée autour de la

MONTE SANT' ANGELO.

fameuse grotte où la légende veut que l'archange Saint-Michel soit apparu, en 493, à l'évêque de Sipontum, saint Laurent. La vérité, comme l'a fait observer un savant archéologue, c'est qu'en cet endroit, aussi bien qu'en maint autre lieu sacro-saint, le pèlerinage chrétien a succédé à un pèlerinage païen. Cette caverne du Garganus est justement celle où résidait autrefois l'oracle de Calchas, oracle barbu, aux cheveux hérissés, avec de grandes ailes aux épaules, si semblable en somme à l'archange Saint-Michel, qu'il n'y eut guère que le nom à changer pour assurer au culte nouveau la consécration enlevée à l'ancien.

Le sanctuaire actuel consiste en une basilique à portes de bronze précédée d'une cour à portiques, et flanquée d'un clocher octogone. On descend à la grotte sainte par un escalier de 55 marches taillées dans le roc et aboutissant à un atrium entouré d'une galerie à deux étages. Aujourd'hui encore, le 8 mai de chaque année, les populations accourent en foule au mont de l'Ange comme jadis elles venaient interroger, dans cette même caverne obscure et suintante, le demi-dieu fatidique du pays. Pour les bergers du Tavoliere, cette fête est l'occasion d'une grande foire. Quant au touriste, rien que la vue qui lui est réservée sur les côtes de la Pouille et sur l'Apennin vaut la peine qu'il fasse l'ascension de la montagne, aux flancs de laquelle court une rampe en lacets. Partout d'ailleurs, des pentes mollement recourbées de cet éperon de terre que laisse à gauche, pour s'enfoncer dans les dunes, le chemin de fer de Foggia-Brindisi, on découvre des perspectives enchanteresses. D'un côté, à 40 kilomètres au large, ce sont les îles bleues de Tremiti, les anciennes « îles de Diomède », où mourut Julie la petite-fille d'Auguste; plus près de nous, le lac de Lesina, celui de Varano, au fond duquel repose, dit-on, une antique cité ensevelie; en deça, Vico, Rodi, Peschici, tous nids pareils à ceux de la Sabine et qui ne mériteraient pas moins que ces derniers d'attirer des bans de paysagistes; là-bas enfin, de l'autre côté du Fortore, rivière qui descend des monts du Samnium, la vieille cité des Frentans, Termoli, projette sur un haut redan de roc, au milieu de la mer, son dédale de ruelles et de demeures croulantes.

III

Au sud de Foggia, le chemin de fer continue de traverser la plaine monotone et aride, ayant en vue, à main gauche, les déclivités du mont Gargano, et, à main droite, le massif du Vultur. Il entre ensuite sur une côte plate, sillonnée de lagunes insalubres, qui ressemble à celle des Marais-Pontins. Ce territoire putride s'étend jusqu'à l'embouchure de l'Ofanto, l'ex-*Aufidus*, qui, dans son cours de 166 kilomètres, ne paraît plus justifier qu'à demi l'épithète de *violens longe sonans* qu'Horace lui applique. C'est sur sa rive droite, entre la voie ferrée et deux chaînes de collines, qu'est

CHAMP DE BATAILLE DE CANNES.
(Rives de l'Ofanto).

le fameux champ de bataille de Cannes, le champ du sang (*Campo di Sangue*), comme on l'appelle encore, où, l'an 216 avant notre ère, faillit sombrer la fortune de Rome.

Tout le monde connaît, au moins en gros, les péripéties de cette journée mémorable. Le consul Varro, dit Polybe, commandait l'aile gauche de l'armée, son collègue Æmilius l'aile droite, où se trouvait la cavalerie; les deux consuls de l'année précédente, Attilius et Servilius, étaient au centre. Du côté des Carthaginois, Hannibal avec son frère Magon avait la direction du centre, tandis qu'Hasdrubal était à la gauche et Hannon à la droite. Les forces romaines avec les alliés se composaient de 80,000 fantassins et d'un peu plus de 6,000 chevaux; les troupes puniques, infanterie et cavalerie, se montaient seu-

RUINES DE CANUSIUM.

lement à une cinquantaine de mille hommes, y compris le contingent d'auxiliaires dont l'aspect épouvanta si fort les Romains, à savoir les Gaulois qui se battirent tout nus, et les Espagnols qui étaient vêtus de chemises de lin couleur pourpre. De l'armée romaine, il ne survécut avec Varro que 3,000 hommes environ qui se sauvèrent à Venouse et dans les autres villes d'Apulie; 10,000 furent

RESTES D'ABBAYE A VENOSA.

faits prisonniers, 70,000 restèrent sur la place, avec le consul Æmilius

Ce fut une extermination. Les Carthaginois ne perdirent en tout que 6,000 hommes. Les Romains s'étaient laissé envelopper par les deux ailes de l'ennemi, et prendre en queue, toute retraite coupée, par la cavalerie d'Hasdrubal. Hannibal d'ailleurs, fort de la

CATACOMBE JUIVE.

confiance absolue qu'il inspirait à ses soldats, avait hardiment suppléé à l'infériorité numérique de ses troupes en les formant sur une seule ligne moitié moins profonde que celle des Romains : ainsi devait faire César à Pharsale, en face des forces doubles de Pompée.

Avant de poursuivre notre course au sud, remontons un instant le cours de l'Ofanto. Cette rivière apulienne était autrefois navigable dans sa partie inférieure, car l'antique *Canusium* (*Canosa*), que nous rencontrons tout d'abord sur sa rive droite, à cinq lieues environ de la mer, avait un port fluvial où atterrissaient les navires. C'est encore aujourd'hui une ville d'une certaine importance, peuplée de près de 20,000 âmes, et qui, au point de vue archéologique, offre un intérêt de premier ordre, non seulement par ses restes d'anciens monuments (enceinte, porte, ampithéâtre), mais aussi par les vases et objets divers qu'on y a exhumés de vieilles sépultures et qu'on a transportés au Musée de Naples.

Plus loin, en amont, sont quatre autres villes : Lavello, Melfi, Rapolla et Venouse (*Venosa*). Cette dernière, l'ex-*Venusia*, est, on le sait, la patrie d'Horace. Au temps du poète latin, les voyageurs qui se rendaient au fond de l'Italie s'y arrêtaient généralement quelques jours, car c'était le carrefour de divergence des deux grandes sections de la voie Appienne qui se dirigeaient l'une vers Brindes, l'autre vers Tarente. Aussi Venouse était-elle par sa situation une place de commerce assez considérable. Il ne lui reste toutefois que des traces insignifiantes d'antiquités. En revanche, on a mis à découvert, dans le voisinage, des catacombes juives très curieuses qui paraissent dater du IVe siècle de notre ère. Non loin de là s'étend la vaste forêt de Banzi, les *saltus bandini* d'Horace, qui fut longtemps le repaire favori des brigands de la Basilicate et de la Pouille.

Nous sommes ici au pied du Vultur, volcan éteint qui forme, à l'extrémité de la vallée de l'Ofanto, comme la borne méridionale de l'Apennin napolitain. Son massif, dont le point culminant atteint 1,330 mètres, n'a pas moins de 60 kilomètres de tour. Depuis sa dernière éruption, antérieure à l'époque historique, ses flancs ont eu le loisir de se couvrir d'épaisses forêts de chênes et de hêtres où, de tous temps, loups et bandits ont cohabité fraternellement. Sur ses pentes sont les deux petits lacs cratériformes de Monticchio, dont les bouillonnements attestent encore quelquefois l'ancienne activité volcanique du relief.

La perspective qu'on découvre du haut du Vultur rappelle assez celle du Monte Cavo de la campagne de Rome; la ressemblance est complétée par la présence d'un cloître à l'aspect romantique, le couvent de capucins de San Michele qu'un tremblement de terre a si fort maltraité il y a quarante ans (1851). On a remarqué du reste que le Vultur s'élève sur le prolongement d'une ligne tirée de l'Epomée (Ischia) au Vésuve, et que c'est sur la même ligne, à mi-chemin du Vésuve et du Vultur, que se trouve la source carbonique la plus abondante de l'Italie, celle de la mare d'Ansanto, au bord de laquelle les Romains avaient érigé un temple à « Junon Méphitique[1] ».

IV

Passé l'Ofanto, nous sommes entrés sur la terre de Bari. De là jusqu'au cap Leuca, les hauteurs de l'ancienne Iapygie ou Messapie n'excèdent nulle part 200 mètres. Cette région est avant tout un pays de céréales, d'huile et de vin. Barletta, la première ville que nous rencontrons (40,000 habitants), fait un trafic important de ces denrées; il en est de même de Trani et de Molfetta, presque aussi peuplées qu'elle. Cependant la cité maîtresse, c'est Bari (60,000 âmes), le chef-lieu de la province, et le grand port d'exportation de la côte. Depuis vingt années surtout, son commerce a pris un essor prodigieux, et la ville elle-même a subi des métamorphoses très sensibles. Tout un quartier neuf aux larges rues bordées de belles maisons s'est élevé entre la gare et le corso Victor-Emmanuel qui s'amorce au vieux port. Plusieurs églises (la cathédrale Saint-Sabin, Saint-Nicolas, San Marco), le château, le musée, l'Athénée, l'hôtel de ville, quelques palais, méritent une visite du touriste. Il n'y a ici qu'un revers de médaille, ce sont les tremblements de terre, qui ont fait déjà tant de mal à Bari, et qui demeurent l'éternel ennemi avec lequel ont à compter toutes les cités de cette région.

A l'angle nord-est de la péninsule d'Otrante, qui fait suite à la terre de Bari, et représente, comme on peut le voir sur la carte, le talon de la botte italienne, se trouve Brindes (Brindisi), le *Brundusium* des anciens. Située à 1,400 stades (252 kilomètres) de Rome

1. Dans la mythologie païenne, *Méphitis* était la déesse qui présidait aux exhalaisons paludéennes, et on l'honorait pour la fléchir.

par la voie Appienne, elle était jadis le grand port où les voyageurs venaient s'embarquer pour la Grèce et l'Orient. Quand c'étaient des gens de qualité tels qu'Horace par exemple, leurs amis leur faisaient volontiers la conduite jusqu'à Brindes, où ils leur souhaitaient une

LACS DE MONTICCHIO.

dernière fois bonne santé : de là cette expression, restée dans la langue italienne, *portare un brindisi*, porter une santé. Grâce au percement de l'isthme de Suez, cette ville, où aboutissait autrefois la principale chaussée de l'Italie, a chance peut-être de redevenir la grande intermédiaire du commerce entre l'Orient et l'Occident, et une des plus grosses stations de l'Adriatique. Peuplée de 20,000 habitants, elle est aujourd'hui, en tout cas, la tête de ligne du chemin de fer le plus important de l'Europe, celui qui relie les Indes à la Grande-Bretagne par Bologne, Turin, le Mont-Cenis, Mâcon, Paris et Calais. La rade de Brindisi est excellente ; deux îles et une ligne de rochers l'abritent des mauvais vents. Le port, où l'on pénètre par un

PORT DE BRINDISI.

goulet, dessine dans l'intérieur des terres deux baies allongées en forme de bois de cerf : d'où le nom, messapien d'origine, que porte la ville.

A 38 kilomètres plus au sud, au milieu d'une campagne bien peuplée et bien cultivée où les massifs d'oliviers alternent avec les champs de bruyères, s'élève Lecce, le chef-lieu administratif de la province. C'est une localité de 25,000 âmes, qui a remplacé la cité salentine de Lupiæ, et dont l'air de propreté et d'aisance ainsi que les constructions pittoresques produisent une impression agréable. Douze lieues plus loin enfin est Otrante, qui a donné son nom au canal d'entrée de l'Adriatique entre l'Italie et la Grèce : encore un ex-grand port iapygien complètement déchu de sa splendeur. Ce n'est même plus, en réalité, qu'une crique de pêche, de 3,000 habitants à peine, que désole la *mal'aria*.

Là s'arrête le tracé actuel de la voie ferrée de l'Adriatique ; mais

CAP SANTA MARIA DI LEUCA.

une route pittoresque, qui longe une suite de villas et d'enclos, conduit au cap à double pointe qui termine le talon de la botte italienne, c'est-à-dire à ce promontoire de Leuca que baignent les flots de la mer Ionienne. Sur l'éperon ouest s'élève un phare ; sur l'autre, à l'est, se dresse un sanctuaire dédié à la Vierge, « Notre-Dame du bout-de-la terre », comme on le surnomme. On assure qu'il occupe l'endroit où saint Pierre s'embarqua à son retour d'Orient. De Santa Maria di Leuca, aussi bien que d'Otrante, on aperçoit, par un temps clair, le littoral de l'Hellade et le relief des monts Acrocérauniens. Si nous remontons de là par la côte opposée, celle que découpe si harmonieusement la vaste échancrure de la mer Ionienne désignée sous le nom de golfe de Tarente, nous nous trouverons au point le plus brillant et au cœur même de l'ancienne Grande-Grèce.

CHAPITRE XII

Les anciennes cités de la Grande-Grèce. — Gallipoli. — Tarente et le *Mare-Piccolo*. — Aux bords du Galèse virgilien. — Les *Tarentolati*. — Les ruines de Métaponte. — Coup d'œil sur la Basilicate ; la ville de Potenza. — Héraclée et la plaine du Siris. — A la recherche de Sybaris. — La nature et l'homme. — Entrée en Calabre.

Entre le VIIe et le Ve siècle avant notre ère, alors que Rome, à peine sortie des marais de la rive gauche du Tibre, ne faisait encore que disputer à ses voisins quelques bourgades du Latium et de la Sabine, toute la moitié sud de la péninsule italique, des rivages de Cumes au détroit d'Otrante, était peuplée de colonies grecques. C'était la langue de l'Hellade qui dominait sur cette vaste région, surtout sur le golfe de Tarente et sur les côtes de la mer Ionienne, comme dans la grande île de Sicile. Quatre siècles après la fondation de la cité de Romulus et Rémus, le latin n'était encore en usage, mêlé à diverses déviations dialectiques, que sur un espace de 50 myriamètres environ. Ce fut la double victoire remportée sur Pyrrhus et sur Hannibal qui, en livrant aux Romains tout le centre et le midi de la péninsule, décida du triomphe de ce vieil idiome de la Loi des Douze Tables que la conquête devait également imposer à la Gaule, à l'Afrique, à l'Espagne.

Sous ce nom générique de Grande-Grèce, on désignait les quatre provinces du Brutium, de la Messapie, de l'Apulie et de la Lucanie (Calabre, terre d'Otrante, Pouille et Basilicate), c'est-à-dire justement les contrées de l'Italie le plus arriérées aujourd'hui au point de vue de la civilisation. Là, florissaient les riches cités de Tarente, de Crotone, d'Héraclée, de Sybaris, de Rhegium, qui comptaient parmi leurs législateurs les plus grands philosophes et savants de l'époque, Xénophane, Parménide, Empédocle, Pythagore, Zaleucos. Par malheur, l'excès du bien-être et du luxe, l'insouciance qui naît de la prospérité poussée à son degré le plus extrême, engendrèrent chez elles la mollesse, puis les factions et le despotisme. Incapables de se protéger elles-mêmes, elles s'en remirent du soin de leur défense à des étrangers qui, naturellement, en profitèrent pour les asservir. De la domination des tyrans de Sicile, elles passèrent ensuite sous le joug de Rome. Celle-ci, il est vrai, leur laissa leurs lois et leurs franchises propres; pourvu que ces cités acquittassent l'impôt et fournissent le contingent de guerre exigible le cas échéant, elle ne songeait pas à les tourmenter.

La région n'en subit pas moins l'ascendant tout-puissant du vainqueur; comme le reste de l'Italie, elle se latinisa peu à peu. Au temps des Césars, elle semblait avoir entièrement perdu son cachet antérieur et originel, quand tout à coup, chose étrange, sous les empereurs byzantins du VIIIe au XIe siècle (dynastie isaurienne), on la vit s'helléniser derechef. De Tarente à Reggio, une nouvelle Grèce italienne se reforma, sous l'influence des milliers de moines d'Orient qui émigrèrent alors vers ces parages, et elle persista même quelque temps sous la domination des princes normands. On peut même dire que, depuis ce moment, l'idiome d'Hésiode et d'Homère n'a jamais été complètement évincé de ces districts sud de la péninsule. Jusqu'au XIIIe siècle, les patriciens de Reggio le parlèrent; plus récemment encore, à Roccaforte, à Cardeto, les paysans mêmes s'en servaient, et, sur plus d'un point de ces rivages extrêmes, le dialecte local en est resté profondément imprégné. Cette prédominance des sons susseyants et sifflants que l'on constate en certains endroits de la côte, et par laquelle on a essayé d'expliquer la différence existant jadis entre les dialectes ionien et dorien, ne serait-elle pas, à y bien regarder, une sorte d'héritage phonétique du vieil âge?

Mais sortons des généralités, pour nous attacher aux détails vivants et explorer pas à pas le pays.

II

Sur la côte orientale du golfe de Tarente, la première ville que nous rencontrons, en venant du promontoire de Leuca, c'est Gallipoli, l'*Anxur* de Pline le naturaliste. Bâtie au milieu des flots, sur un rocher qu'un pont rattache au continent, cette ex-colonie lacédémo-

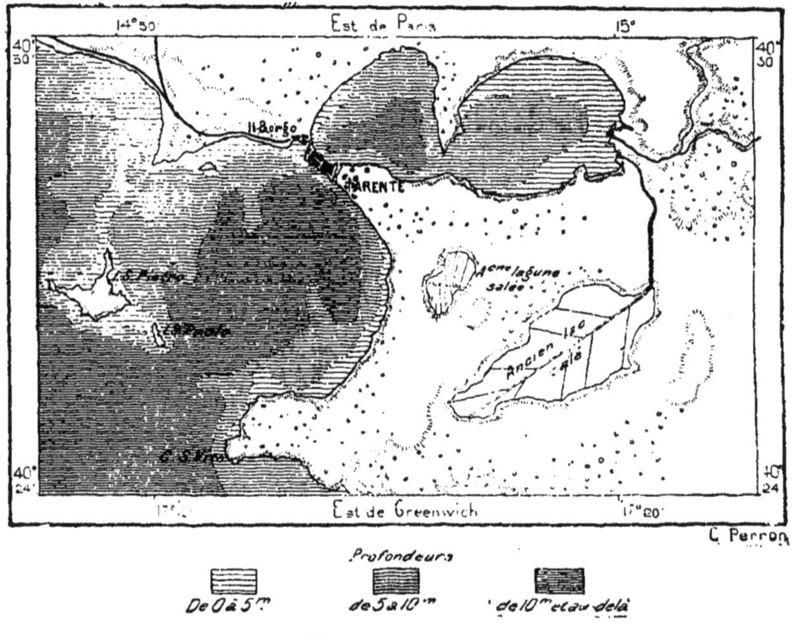

PORT DE TARENTE.

nienne, avec son entourage de palmiers-dattiers, est certes la plus attrayante cité qui se soit offerte à nos yeux depuis que nous avons quitté les districts de l'ancienne Campanie. Elle est reliée à la ligne ferrée de Lecce et d'Otrante par un railway transversal, de 54 kilomètres de longueur, qui traverse une succession de bourgs et de villages essaimant au milieu de cultures de tabac et de coton, et habités en partie par des populations de souche albanaise ou hellénique émigrées là au IXe siècle, et qui ont conservé leur idiome national.

Plus haut, à l'angle nord-est de la baie, est l'ex-grande ville grecque de Tarente, qui compta jusqu'à 300,000 habitants, et qui n'en a plus aujourd'hui que 30,000. Unie déjà par des chemins de fer à Bari et à Brindisi d'une part, à Reggio et à Naples de l'autre, elle doit en outre être rattachée à Avellino et à Naples par une troisième ligne intermédiaire entre la Basilicate et la Pouille. Son site est des plus pittoresques et ressemble, comme nous le verrons plus tard, à celui de l'antique Syracuse. Qu'on se figure deux golfes marins, l'un extérieur, la « Grande Mer », la rade, avec deux îlots, Saint-Pierre et Saint-Paul (les îles Chœrades des Anciens), l'autre intérieur, la petite mer (*mare piccolo*), qui communiquent ensemble par un étroit goulet que franchit un pont de pierre massif. La vieille ville groupe autour de la cathédrale San Cataldo ses ruelles étroites et ses hautes maisons blanches, entassées sur le rocher calcaire qui était autrefois l'Acropole. Au delà du château qui commande la passe précitée s'élève le quartier moderne, que traverse la route de Lecce.

Nul vestige d'antiquité ne rappelle au touriste la splendeur passée de cette cité, que les Romains, en s'en emparant (272), ont dépouillée de ses richesses artistiques. Un jardin public, un arsenal, un marché, une *strada* Garibaldi qui longe à gauche le *mare piccolo* et aère le quartier plébéien des pêcheurs, lequel a son dialecte à part; une autre rue centrale, siège du commerce et de l'industrie, puis un corso-quai Victor Emmanuel, où réside l'aristocratie locale, et que décorent quelques lourds palais : voilà le portrait de la Tarente actuelle.

Sa véritable curiosité, et le gage peut-être de son relèvement futur, c'est le *mare piccolo*, vaste lac salé de 25 kilomètres de circuit, accessible aux plus gros vaisseaux de guerre, et où le gouvernement se propose de créer un port militaire analogue à celui de la Spezia. Ce bassin aux eaux tranquilles et profondes est, de plus, extrêmement poissonneux. Non seulement on y fait, à l'abri d'estacades, comme jadis à Cumes, l'élevage des huîtres et des moules, mais près de cent espèces de poissons le fréquentent à diverses époques de l'année. Les zoophytes, les crustacés, les mollusques de toute sorte y abondent également, et le trafic de ces fruits de la mer, *frutti di mare*, comme on dit là-bas, fait vivre une partie de la population. Anciennement même, les coquillages de la « Petite mer »

PORT DE MÉTAPONTE.

défrayaient deux grandes industries tarentines, une teinture de laines en pourpre, la plus recherchée après celle de Tyr, et une fabrication d'étoffes soyeuses faites de filaments marins. Ces procédés sont perdus aujourd'hui. Un petit fleuve, le Taras (Tara), auquel la ville doit son nom, débouche dans le golfe extérieur, à l'ouest du *mare piccolo;* sur la rive nord du même bassin, un autre ruisseau, au bord duquel s'élève une chapelle, n'est autre que le fameux *Galèse* célébré par Horace aussi bien que par Virgile, qui a composé, en cet endroit, un certain nombre de ses églogues.

Tarente est célèbre également, soit dit en passant, par l'araignée qui a reçu d'elle le nom de *tarentule.* C'est une espèce de 3 ou 4 centimètres de longueur, au corps velu, aux pattes tachetées de noir et de blanc, qui vit spécialement dans la terre d'Otrante, mais qu'on trouve aussi en Espagne. Engourdie tant que dure l'hiver, elle chasse, dans les chaleurs de l'été, les insectes et les sauterelles à la course. Ce n'est pas encore, il faut en convenir, l'équivalent de cette grosse araignée de la Plata, qui poursuit jusqu'aux hommes à cheval, en exécutant des bonds formidables. Toujours est-il que la morsure de la tarentule passait pour produire une maladie de nerfs qu'on essayait de calmer par la musique. On attribua notamment au venin de cet insecte une épidémie frénétique, d'une nature toute particulière, qui sévit durant trois siècles dans l'Italie méridionale. Chez les gens piqués de la tarentule, les *tarentolati,* comme on les appelait, la vue de certains objets et de certaines couleurs provoquait une surexcitation morbide qui allait jusqu'au paroxysme de la rage, et, le plus souvent, finissait par la mort. La science moderne a fait justice de ce préjugé et des terreurs irraisonnées qui s'y rattachaient. L'affection nerveuse en question, c'est simplement la « choréomanie », mal qui se propage, paraît-il, par la contagion de l'exemple, et qui, il y a quelques siècles, se répandit dans nombre de pays de l'Europe. Le mot « piqué de la tarentule » n'a donc plus d'autre valeur, actuellement, que celle d'une expression figurée qui grossit d'autant l'arsenal de métaphores où se complaisent à puiser les humains.

A l'extrémité de la plaine qui s'étend à l'ouest de Tarente, et que viennent cultiver, à l'époque voulue, les *contadini* des pentes d'alentour, se trouve, entre deux rivières, le Bradano et le Basento, le site de l'ancienne Métaponte, la célèbre cité achéenne où vint s'établir Pythagore exilé de Crotone. Je dis le site, car de la ville même, détruite par les hordes de Spartacus, il ne reste absolument que quelques ruines, débris de temples et de théâtres, exhumés en notre siècle seulement près d'une ferme voisine du rivage. Un étang vaseux couvert de roseraies, communiquant avec le golfe de Tarente par un goulet complètement ensablé, passe pour avoir été le port militaire de la puissante ville. Le château, puis la station de Torremare (Tour de la mer), à laquelle, dans le remaniement général qu'ont subi, en ces derniers temps, les noms des localités italiennes, on a cru devoir décerner l'appellation archaïque de *Metaponto*, voilà l'unique simulacre de vie qui s'offre ici aux regards du touriste. Aux environs règnent la lande déserte, le maquis, repaire du sanglier, et sur le tout plane la *malaria*. Aussi les employés du chemin de fer redoutent-ils particulièrement ce poste. La station est pourtant tête de ligne : de là se détache le railway qui, à travers la Basilicate, se raccorde à celui de Salerne et de Naples.

III

Jetons un regard dans cette direction. De Métaponte à Potenza, on compte 107 kilomètres, soit trois heures de chemin de fer environ, en remontant le cours du Basento. Jusqu'à la petite ville de Ferrandina, la vallée, assez large d'abord, se déroule, semée de bourgs et de villages, entre des pentes de collines crayeuses et nues qui présentent l'aspect le plus monotone; plus haut, ce n'est plus qu'une gorge étroite, bordée de montagnes sauvages. Les localités que dessert la ligne se perdent dans la solitude, à plusieurs kilomètres des stations quelquefois. Le pays est toujours morne et désolé, comme celui qu'on a traversé en aval; mais du moins ici cette désolation est-elle pleine de grandeur et de pittoresque. Le railway, qui enjambe à plusieurs reprises la rivière, monte par des rampes de plus en plus raides, en franchissant une douzaine de tunnels : enfin, on approche du relief où le Basento prend sa source, c'est-à-dire des monts de la Maddalena, groupe culminant de l'Apennin de Lucanie, et l'on atteint le chef-lieu de la province, sis à 900 mètres environ d'altitude, au sommet d'une éminence à pic.

Peuplée d'une vingtaine de mille âmes, Potenza, l'ex-*Potentia*, n'a rien de monumental comme aspect. Une longue rue tortueuse, une cathédrale, un hôtel de la préfecture, un palais municipal, un théâtre, quelques magasins et cafés : voilà le gros de cette cité de montagne qui, bien qu'elle se soit déplacée plusieurs fois, pour

RUINES D'UN TEMPLE A MÉTAPONTE.

passer du fond de la vallée au front du mamelon et de la rive droite du cours d'eau à la gauche, a toujours le malheur de se trouver sur la ligne volcanique allant du Stromboli au Vultur. Aussi, le plus clair de son histoire ne se compose-t-il que de catastrophes de l'ordre physique. Les tremblements de terre y sont à peu près périodiques. Le dernier en date notamment, celui de décembre 1857, fut tellement effroyable, qu'il fallut, à la suite du désastre, opérer 4,000 amputations, plus qu'après la bataille la plus meurtrière ; 32,000 personnes, en Basilicate, furent écrasées sous les ruines des maisons et des édifices. On comprend donc qu'en dépit des cochons noirs à l'élève desquels ils s'adonnent, les paysans de cette province soient et demeurent foncièrement misérables, et qu'ils figurent pour une large part dans le contingent d'émigrants que l'Italie envoie, chaque année, aux rivages du Brésil et de la Plata.

Revenons maintenant à la côte ionienne, et reprenons notre voyage vers Reggio.

IV

Au delà du Basento, la plaine déserte continue de s'étendre entre la mer de Tarente à l'ouest et l'ourlet de montagnes qui se profile à l'est. On franchit deux rivières, la Salandrella et l'Agri, et le train touche à la station de Policoro, au pied de la colline qui porte l'ancien couvent du même nom. Là, sur la rive droite de l'Agri (ex-*Aciris*), à une vingtaine de stades de la mer (4 kilomètres environ), s'élevait une autre cité renommée de la Grande-Grèce, Héraclée. Quand et comment a-t-elle péri? On ne le sait même pas. Des fondations de murailles retrouvées sous le sol blet et spongieux, les fameuses *tables* dites d'*Héraclée* qui sont conservées au musée de Naples, c'est tout ce qui subsiste de la brillante colonie qui eut l'honneur d'être le siège du congrès des villes achéennes et doriennes du pays, et qui fut, croit-on, la patrie de l'illustre peintre Zeuxis.

De nos jours, tout ce district forme un seul domaine, propriété du prince de Gerace, un *latifundium* de 140 kilomètres carrés, peuplé de quelques *masserie* ou hameaux. A certaines époques de l'année seulement, des bans de montagnards descendent de la Basilicate, et, sous la conduite de l'intendant ou *fattore* qui détient à bail ces terrains, travaillent au labour ou à la récolte.

C'est entre Héraclée et le Siris (Sinno), là où s'élève aujourd'hui la magnifique forêt quasi vierge à travers laquelle passe le chemin de fer, que Pyrrhus livra aux Romains, l'an 280 avant notre ère, la mémorable bataille où, pour la première fois, les éléphants apparurent comme instruments de guerre en Occident. La charge furieuse de ces pachydermes qu'on avait, avant le combat, enivrés de vin aromatisé, et dont le front et les larges oreilles étaient diversement coloriés, assura ce jour-là la victoire à l'ambitieux roi d'Épire; mais, quatre ans après, à Bénévent, les Romains, que les monstres à trompe n'épouvantaient plus, prirent, on le sait, si bien leur revanche, que Pyrrhus s'en retourna droit en Grèce, pour mourir à Argos de la main d'une vieille femme.

Passé le Sinno, la plaine cesse; les montagnes se rapprochent du rivage, qu'elles surplombent au point de n'y laisser qu'une marge de terrain suffisante au railway et au chemin de voitures. On sort ici de la Basilicate, et l'on entre dans la Calabre, — la Calabre Citérieure tout d'abord. A droite se dressent les escarpements du mont Pollino, d'où pointe un pic de plus de 2,000 mètres que la neige couvre jusqu'à la fin de mai; au loin, en face, apparaît le massif imposant et dentelé de la Sila, fermant à l'arrière-plan l'échancrure de la grande vallée du Crati.

C'est dans ce bassin de l'ex-*Cratis*, évidé en forme d'immense cirque, près de la station actuelle de Buffaloria, où s'amorce le railway de Cosenza, que reposait jadis la florissante Sybaris dont les murs embrassaient, dit-on, un pourtour de dix kilomètres, et qui comptait 300,000 habitants. Ses traces mêmes jusqu'à ce jour étaient demeurées introuvables. Hier seulement (mars 1888), des fouilles entreprises sur son emplacement présumé ont mis au jour quelques tombes renfermant divers ustensiles usuels qui semblent avoir réveillé l'ardeur des archéologues d'outre-Monts. En attendant le butin espéré, la région où s'élevait la ville grecque dont le luxe était passé en proverbe continue d'être déserte à souhait. Là où se dressaient les palais de marbre des premiers viveurs de l'antiquité, il n'y a même plus de demeures humaines. Les taureaux sauvages errent à l'aise par la « plaine fiévreuse » du Crati. Au temps des Sybarites, des canaux de drainage de toute sorte avaient assaini ce territoire côtier dont la fertilité était telle que, selon le mot de Varron, « un épi de blé rendait cent épis ». Aujourd'hui encore, ajoutons-le, ce n'est pas la force de produire qui manque à ce district italien : loin de là; un proverbe dit que, dans cette contrée redevenue sauvage, « l'herbe, broutée le soir, est déjà repoussée au matin », et il est presque impossible en effet de rêver des horizons plus riants, une végétation d'une poussée plus puissante que ceux des campagnes où fut Sybaris. Sans nul souci des grandeurs déchues, la nature calabraise continue son œuvre; c'est l'homme ici qui se fait défaut à lui-même. Comme aux *maremmes* toscanes et romaines, il a laissé indéfiniment le champ libre aux éléments dont l'aveugle action a besoin d'être conduite et réglée: qu'il reprenne seulement possession de ce sol aux vertus exubérantes et sauvages, et la face de la région se transformera.

CHAPITRE XIII

A travers les Calabres; la Sila et ses forêts. — L'ancienne Crotone et la moderne Cotrone. — Pythagore et Milon. — Catanzaro. — Les tremblements de terre en Calabre; la catastrophe de 1783. — L'isthme de Squillace et les défilés de l'Aspromonte. — Le littoral de Reggio Calabro. — Cosenza. — Scènes de mœurs.

I

La presqu'île des Calabres, qui forme la pointe sud extrême de la péninsule italienne, et que le mont Pollino susnommé sépare de la Basilicate, se compose d'un énorme massif de granit et de schiste, découpé en plateaux ondulés. L'un de ces plateaux, celui de la Sila, haut de 1,500 mètres en moyenne, n'a pas moins de 80 kilomètres de longueur, de Cosenza au nord à Catanzaro au midi, sur une largeur de 40 kilomètres d'occident en orient. A l'ouest, c'est-à-dire sur la vallée du Crati, qui se déroule entre lui et le mont Pollino, il se présente comme une sorte de muraille abrupte, tandis que, au nord-est et au sud, dans le renflement qu'il projette au-dessous du golfe de Tarente, il pousse vers la mer de longs contreforts entre lesquels se creusent des vallées profondes. C'est de ce dernier côté que se dressent les cimes dominantes du relief, les monts de Riparosa, de Spinetto, de Neto, de San Severina.

Au-dessous de ce massif le sol calabrais s'amincit en un seuil, et, entre la baie de Squillace à l'est et celle de Sainte-Euphémie à l'ouest, il ne reste plus qu'un isthme de 80 kilomètres environ, disposé en petits gradins, au pied desquels dorment d'anciennes plages témoignant des reculs successifs de la mer. Puis, au delà de cet étranglement, la côte se relève en un fort bourrelet sillonné de ravins, — l'Aspromonte (âpre mont), dont la crête culminante dépasse 1,300 mètres, — pour sombrer enfin, parmi les bouquets de pal-

VALLÉE DU CRATI.

miers, de dattiers, de cannes à sucre et d'agaves, dans la dépression du détroit de Messine, à la pointe désignée par les marins sous le nom de Partage des Vents (*Spartivento*).

La caractéristique de la Sila (en latin *silva*, en grec ὕλη), c'est sa gigantesque parure de futaies, entrecoupées de riches pâturages, où émigrent, de juin à octobre, les troupeaux. Virgile a chanté les beautés agrestes de cet immense district forestier, le « pays de la résine », et aussi celui de la manne, qui alimente encore de bois de construction les chantiers navals de la péninsule. Plusieurs zones de climat et de végétation s'y étagent : en haut, la flore et le site alpestre, les pins, les sapins, les mélèzes, l'âpre hiver du nord, la glace, le névé ; plus bas, les chênes, les hêtres, les châtaigniers ; enfin, sur le chaud rivage de la mer, les bois d'orangers, les fourrés d'oliviers, les haies dorées de citronniers.

Cette contrée chaotique de la Calabre Ultérieure a été de tout temps le refuge des *outlaws*. C'est l'ancienne région des Brutiens[1], ces « *gueux* de l'Italie », qui, après avoir été les suprêmes soutiens d'Hannibal et avoir aidé le chef punique à se maintenir six années dans la péninsule, se virent réduits à la condition d'esclaves d'État, mis spécialement au service des licteurs. C'est là aussi, dans l'écheveau des forêts et des monts, que se retirèrent, au temps de la Guerre Sociale, les dernières bandes d'Italiotes ; c'est là que plus tard, au moyen âge, les populations de la côte s'enfuirent devant les pirates sarrasins ; là enfin que, dans les derniers siècles, le brigandage eut son repaire principal. Aujourd'hui le sinistre massif est presque entièrement cerné par la voie ferrée de Cotrone à Reggio qui, bientôt, rejoindra le golfe de Salerne.

II

Faisons le tour de cette presqu'île calabraise, en partant de l'embouchure du Crati, où s'est arrêtée notre course antérieure.

Au delà de la petite ville de Corigliano, commence, au pied du versant nord-est de la Sila, un défilé côtier de 60 kilomètres par lequel passe le chemin de fer. On franchit tour à tour plusieurs rivières et torrents, le Trionto et le Neto entre autres, et l'on arrive à l'antique Crotone, aujourd'hui Cotrone. Encore une colonie achéenne dont, avant l'époque de Pyrrhus, la splendeur était proverbiale, et dont il ne reste plus que le souvenir.

1. Peuplade de souche lucanienne appelée *Brutiens*, mot qui veut dire *séparés*, parce qu'elle vivait là à l'écart de ses congénères établis plus au nord.

C'est à Crotone que vint, en 532, s'établir le sage des sages, Pythagore. Le célèbre législateur fonda dans cette ville une sorte d'école modèle de gouvernement, une association politique et religieuse à la fois, qui finit par s'étendre à toute la Grande-Grèce. Crotone, qui avait hérité de la puissance et du luxe de Sybaris, était alors la plus grande cité de l'Italie grecque. Son enceinte mesurait 18 kilomètres, et elle n'était pas moins renommée pour la pureté de son climat et la fertilité de son sol que pour la vigueur de ses hommes. Ses athlètes avaient le privilège de remporter toutes les couronnes aux Jeux Olympiques. L'un d'eux, le fameux Milon, qui tuait un bœuf d'un coup de poing et étayait un toit à lui seul, n'est-il pas resté comme le type de la force physique? On sait qu'il périt dans une forêt de la Sila, pour avoir voulu, avec ses poignets affaiblis par l'âge, achever de fendre un énorme chêne que la hache du bûcheron avait entamé. Ses bras y demeurèrent pris, et il fut mangé vivant par les loups, qui pullulaient et pullulent encore dans ces hauts défilés.

La décadence de Crotone date du IIIe siècle avant notre ère. Au temps de la seconde guerre punique, elle était déjà déserte à moitié. Elle fut une des dernières places d'armes d'Hannibal, qui se servait de son port pour se ravitailler et communiquer avec Carthage. Ce fut là, rappelons-le, que le grand capitaine reçut l'ordre de se rembarquer pour l'Afrique. Du passé florissant de la ville témoignent seuls une colonne en style dorique et des pans de murs au cap Nao, près d'un phare autour duquel se groupent des villas. Quant à la Cotrone moderne, ce n'est qu'une toute petite ville, chef-lieu d'arrondissement de la province de Catanzaro, sise à deux kilomètres de la station, dans la plaine richement arrosée de l'Isaro (ancien *Hisaros*). Elle est habitée surtout par des nobles, propriétaires des terrains d'alentour. Son port, en fer à cheval, est cependant un centre important d'exportation de produits agricoles et forestiers, céréales, oranges, citrons, fruits secs, vins, huile, coton, bois de réglisse, etc.

A deux heures de chemin de fer plus loin, sur la côte, est la ville de Catanzaro précitée (23,000 habitants), contruite partie au débouché d'une étroite et profonde vallée — c'est sa *marina*, — partie sur un contrefort escarpé qui clôt la brèche à l'arrière-plan. Comme toutes les villes de cette région, elle a eu fort à souffrir des tremblements de terre. Si, appliquée à l'Italie, cette appellation usuelle de « terre ferme » paraît particulièrement dérisoire, il est juste de dire que l'expression a toujours été en soi abusive. Des expériences récentes ont prouvé que la surface de notre globe n'est jamais absolument en repos pendant plus de trente heures de suite.

PAYSAGE CALABRAIS.

Seulement, le sol de la Calabre, province située entre trois volcans, le Stromboli, l'Etna et le Vésuve, est, plus que tout autre, soumis aux perturbations de l'ordre physique.

Le XVe et le XVIe siècle avaient été, à ce point de vue, des époques de calme relatif; mais, au siècle suivant, il n'en fut pas de même. De 1606 à 1628, les secousses se multiplièrent; puis, en 1693, il en survint une qui coïncida avec une éruption de l'Etna, et détruisit quarante villes ; 100,000 personnes périrent, tant en Calabre qu'en Sicile.

Quatre-vingt-dix ans de tranquillité avaient succédé à ces violentes commotions, quand eut lieu la catastrophe effroyable qui marqua l'année 1783. Le naturaliste français Dolomieu, qui se trouvait alors en Italie, nous en a relaté les détails. L'été de 1782 avait été signalé par des chaleurs et des sécheresses extraordinaires; rien néanmoins ne faisait prévoir le fléau, quand soudain, le 5 février, éclata un effroyable coup de tonnerre souterrain, et le sol se mit à onduler en tous sens comme les vagues d'une mer en courroux. Les fondements des maisons se déchaussèrent, et les pierres furent broyées, triturées les unes contre les autres. La première secousse eut lieu à Reggio vers midi, et, à Catanzaro, une heure après. Dans cette province et dans celle de Messine, sur 375 localités, 320 furent détruites en deux minutes. Des habitant, les uns furent écrasés chez eux ou au dehors ; d'autres, en se sauvant à travers la campagne, furent engloutis dans le sol entr'ouvert, happés en quelque sorte au passage par les crevasses qui se refermaient sur les victimes, sur les arbres, sur les maisons. Beaucoup périrent aussi dans les incendies allumés par les foyers des cuisines, et aggravés, à Messine notamment, par l'embrasement de vastes magasins d'huiles. A minuit, eut lieu une nouvelle secousse qui acheva l'œuvre de destruction ; en même temps, on vit la mer, sur la côte voisine du détroit, se retirer brusquement pour revenir aussitôt en s'élevant à près de sept mètres.

Le 28 mars, d'autres commotions très violentes survinrent, et, tout le reste de l'année, il en fut de même. De février 1783 à mars 1784, on en compta 949.

La région la plus bouleversée, ce fut le fertile versant du massif de l'Aspromonte, appelé la Piana, qui regarde la mer Tyrrhénienne. Là, sur douze lieues de longueur du nord au sud, depuis les monts de Monteleone (à l'extrémité du golfe de Sainte-Euphémie) jusqu'à Reggio, il n'y eut pas un édifice qui demeurât debout, pas un pan de terre qui ne fût bouleversé. Notez qu'il existait en ce district 109 villes ou villages peuplés de 160,000 habitants. On cite une grosse bourgade qui, à la première secousse, s'abîma d'un bloc dans un gouffre formé au-dessous d'elle ; sur 2,000 personnes, 1,400 y furent tuées. En beaucoup d'endroits, les terrains dans leur glissement en recouvrirent d'autres, de sorte que les propriétés se trouvèrent superposées et confondues. De là, après la catastrophe, une multitude de procès insolubles que l'esprit de procédure propre au Calabrais fit durer des années consécutives. A qui désormais appartenait le sol ainsi déplacé? Beau sujet de chicane, s'il en fut jamais. Dans la Piana particulièrement, il n'y eut pas une parcelle de terrain qui n'occasionnât des litiges compliqués d'ailleurs d'innombrables questions d'héritage. Ce n'est pas tout : 20,000 personnes succombèrent ensuite aux maladies épidémiques engendrées par le manque de nourriture, le défaut d'abri, et la *malaria* due aux nappes d'eau stagnante qui s'étaient formées un peu partout.

Le souvenir de cet horrible sinistre est demeuré toujours vivant en Calabre; aujourd'hui encore, dans toutes les églises de cette contrée, on récite le vendredi à la messe une prière spéciale pour le repos des âmes des victimes, et, le 5 février de chaque année, a lieu un service commémoratif.

Dans notre siècle, deux nouvelles commotions violentes se produisirent, en 1854 et en 1870. Quant au tremblement de terre de 1857, dont j'ai parlé ci-dessus, et qui causa tant de désastres dans la Basilicate, il ne fut que peu sensible en Calabre.

Déjà, au IVe siècle avant notre ère, le grand philosophe et savant Aristote définissait ces phénomènes naturels : « Souvent, dit-il, l'air intérieur, après s'être entassé dans les cavités souterraines, s'agite, s'échappe tout à coup, et ébranle les parois du globe. Ces commotions sont de plusieurs sortes : il y en a qui secouent le sol obliquement, à angle aigu; d'autres le soulèvent de bas en haut à angle droit (*c'est ce que nous appelons aujourd'hui secousses sussultantes*); d'autres affaissent les terres, ouvrent des abîmes; certains sont accompagnés de vents violents, ou lancent des roches, de la fange, ou font jaillir des sources nouvelles. Ceux-ci soulèvent les terrains d'un seul effort; ceux-là agissent par des commotions de droite et de gauche, comme dans le mouvement de la fièvre (*secousses ondulatoires*); quelques-uns enfin sont accompagnés de mugissements; quelquefois, il y a mugissement, sans qu'il y ait tremblement. »

Les bruits précurseurs varient de nature et d'intensité. Tantôt c'est un murmure, un frémissement; tantôt c'est un cliquetis de chaînes qui s'entrechoquent, ou comme un roulement sur le pavé de voitures chargées de ferrailles; où bien ils imitent soit le mugissement de bœufs gigantesques, soit une fanfare de trompettes, soit un roulement de tambours, ou une décharge de pièces d'artillerie. Quelquefois le bruissement échappe à l'oreille humaine, mais est perceptible pour les animaux, surtout pour ceux qui ont l'habitude de se terrer, les reptiles, les rats, les souris. Lors du grand tremblement de terre de la Calabre, toutes les bêtes, averties par un secret instinct, manifestèrent à l'avance une angoisse et un effroi extraordinaires: les chevaux flairaient le sol, se cabraient; les bœufs, le poil hérissé, s'arcboutaient en beuglant sur leurs quatre pieds comme pour chercher un point d'appui; les chiens hurlaient lugubrement, les chats se sauvaient effarés hors des maisons.

III

Catanzaro est sis, comme on le peut voir sur la carte, à la partie la plus resserrée de l'isthme qui sépare les golfes de Squillace et de Sainte-Euphémie. C'est à l'intérieur de cet isthme, au sud duquel commence le relief de l'Aspromonte, que se trouve la localité la plus haut perchée de la Calabre, la petite ville de Tiriolo, d'où l'œil embrasse à la fois les deux mers, l'Ionienne et la Tyrrhénienne, ainsi que le volcan de Stromboli et le groupe des îles Lipari à l'est. Quatre lieues et demie plus loin, toujours dans ce seuil intermédiaire, où il n'y a guère d'habitations que sur les talus en pente douce, on rencontre la cité isaurienne de Nicastro (10,000 habitants), du site pittoresque de laquelle on découvre une perspective à souhait sur le golfe de Sainte-Euphémie précité.

Passé Squillace (3,000 habitants) et son promontoire rocheux, au-devant duquel se hérissent des écueils de tout temps redoutés des marins, — *navifragum scylacœum*, a dit Virgile, — la seule ville un peu importante de la côte, c'est Gerace (6,000 âmes), un chef-lieu d'arrondissement de la province de Reggio Calabro (Calabre Ultérieure Ire). L'unique intérêt qu'elle présente c'est d'occuper l'emplacement de la vieille colonie grecque de *Locri Epizephyrii*, dont il ne reste que quelques débris. De là, un col qui franchit la montagne de l'est à l'ouest, — le *passo del mercanto*, — conduit par de magnifiques forêts sur le versant opposé de l'Aspromonte.

De Gerace à Reggio, le *railway* continue de côtoyer la mer, le long des flancs de l'Aspromonte, dont le point culminant, le mont

RUINES DE LOCRES.

Alto, atteint près de 2,000 mètres. La pointe extrême de l'ancien Brutium, de ce côté, c'est, je l'ai dit, le cap Spartivento, le cap « où le vent change », qui n'est autre que l'ex-promontoire d'Hercule, et sous lequel la voie infléchit, par un petit tunnel, dans la direction du détroit de Messine. Au centre à peu près du détroit est la grande ville de Reggio Calabro, l'antique *Rhegium* (40,000 habitants), assise en amphithéâtre au sein d'un paysage merveilleux de fertilité d'où l'on jouit d'un large point de vue sur la mer et les côtes de Sicile. Là, comme aux Champs-Phlégréens, se produisent parfois des phénomènes d'optique très curieux (*Fée morgane*) dus à la réfraction des paysages du littoral sur le ciel ou la mer.

Sur toute la partie des rivages de la Calabre Ultérieure IIe qui s'étend d'ici au golfe de Policastro, où nous avons, le lecteur s'en s'ouvient, arrêté ci-devant notre exploration, la contrée est splendide, mais les grosses localités sont rares. Citons Scilla (6,000 habitants), qui fait face au cap sicilien del Faro; Nicotera et son promontoire, d'où le voyageur venant du Nord commence à découvrir l'Etna et à voir la nuit la flamme vomie par le Stromboli; puis Palmi, Monteleone, Santa Eufemia, Paola, où naquit San Francesco di Paola (Saint-François de Paule), et Castelluccio. La seule ville un peu considérable de cette partie de l'Italie du sud se trouve à l'intérieur des terres, sur la ligne ferrée de Catanzaro au golfe de Tarente: c'est Cosenza, le chef-lieu de la Calabre Ultérieure Ire. Elle est sise au confluent du Crati et de cette petite rivière du Busento (Bucentaure) dans le lit de laquelle dort le roi des Goths Alaric.

IV

La civilisation commence à peine d'effleurer ces splendides régions où la misère des populations n'a d'égale que leur ignorance. Pythagore et son école n'ont plus que faire ici. Le paysan de la Calabre, ou *Cafone*, est le type achevé de la superstition et de la sauvagerie. On connaît le personnage. Chapeau pointu sur la tête, fusil à l'épaule, longues guêtres enroulées aux jambes, il vague du matin au soir à travers les monts et les bois. La nuit, il se retire dans sa hutte avec sa famille grelottante de fièvre. Le seul moment de l'année où la campagne s'anime véritablement, c'est à l'époque des vendanges. Dès la pointe du jour, on voit de longues caravanes multicolores de jeunes filles au teint basané, à l'œil noir, défiler, la corbeille sur la tête ou au bras, par les longs sentiers sinueux, vers les riantes collines ou les vastes enclos. Là, elles s'assoient par terre près des cuves, et, en attendant que le soleil ait séché les grappes encore hu-

RIVES DU BUSENTO.

mides de rosée, elles déjeunent en babillant comme des nichées d'oiseaux insouciants. Après quoi, la troupe se répand dans la montagne. Les unes détachent le fruit savoureux, les autres le por-

REGGIO CALABRO.

tent à la cuve. Toutes chantent, et de la colline opposée répondent d'autres chanteuses.

Vers le soir, les jeunes gars du village surviennent à leur tour. Le travail cesse; chaque ouvrière reçoit son salaire avec un panier de raisins dorés, et les couples reprennent le chemin des hameaux en entonnant derechef dans leur patois, au bruit des timbales et des castagnettes, cette sorte d'hymne encore tout grec d'inspiration :

Sia binedittu chi fici la munnu!
Sia biniditlu chi lu seppe fari!
Fici lu cielu cu lu giru tunnu,
Fici li stilli pe' ci accumpagnari,
Fici lu mari, e pua ci fici l'unna,
Fici la varca, pe' ci navicari,
E pua facetti a tia janca palumma,
Chi puorti i carti de lu navicari.

« Béni soit celui qui a fait le monde, le ciel arrondi, les étoiles, la mer et les vagues, les barques qui sillonnent la mer, et les blanches colombes qui guident les navires!... »

Mêmes scènes lors de la cueillette des olives, autour de Palmi par exemple, dans les mois d'octobre et de novembre. Tous les habitants d'une montagne se réunissent encore comme pour une fête sacro-sainte. Ce sont là des jours de joie, trop rares, hélas! où l'âme de ce peuple farouche s'épanouit à l'aise, oublieuse du fardeau de la vie, et s'enlève momentanément dans les hauteurs sereines de l'empyrée.

CHAPITRE XIV

Le détroit de Messine ; la légende de Charybde et de Scylla. — Courants, remous et tourbillons. — Le sol marin, entre la Sicile et l'Afrique. — Les vieux mythes de l'île des Sicanes. — Esquisse générale du pays. — Les trois zones de végétation et de climat. — Le sirocco. — La vigne et les autres essences fruitières.

I

Quand, — il y a bien des années déjà, — après une navigation de trente heures environ depuis Naples et une quantité d'escales fastidieuses aux côtes de Calabre, je pénétrai pour la première fois, par une lourde journée de juillet, dans les eaux du détroit de Messine, j'avais l'esprit plein de souvenirs classiques qui me représentaient l'*ex-fretum siculum* sous les couleurs les plus effrayantes. J'allais donc les ranger à mon tour, ces fameux écueils de Charybde et de Scylla, que je ne connaissais que par la légende, et ces roches aux excavations mystérieuses où l'onde était réputée s'engouffrer avec un bruit que les anciens comparaient à des abois de chien. La vérité pourtant me force à dire que j'en fus pour mes frais d'imagination. A part quelques remous, inquiétants peut-être pour de simples barques, mais que le paquebot ne sentit même pas, j'effectuai la traversée sans encombre. Depuis lors, il est vrai, notamment en venant dans le sens opposé, de Malte ou de Tripoli de Barbarie, j'ai été moins favorisé ; jamais cependant je n'ai eu, en aucun point de la passe, à essuyer une de ces formidables luttes d'éléments dont parlaient jadis les chroniques de Neptune.

Le détroit de Messine, comme on le peut voir sur la carte ci-jointe, forme, de la mer Tyrrhénienne à la mer Ionienne, un canal légèrement infléchi d'est en ouest qui va en s'arquant de plus en plus dans la direction de Taormina et de Catane. Sa partie la plus étroite (3,200 mètres) se trouve à l'entrée nord, entre la pointe aiguë del Faro et l'éperon calabrais opposite où s'élève la petite ville de Scilla. En cet endroit, plus d'un cheval l'a traversé à la nage, et peut-être la construction d'un pont n'y serait-elle pas une chose malaisée. Un peu plus bas, entre Canzirri et le cap del Lezzo, l'écartement des rivages s'accroît déjà de 340 mètres. Vis-à-vis de la citadelle de Messine, il est de 6,100 mètres ; plus loin encore, entre Galati et Reggio, il excède 11,300 mètres, et, à l'extrémité sud du détroit, entre la pointe italienne de Pellaro et le cap sicilien de Scaletta, il atteint 14,160 mètres, distance plusieurs fois suffisante pour qu'on n'entende plus « les coqs chanter », d'une berge à l'autre. Les profondeurs varient également. L'endroit où la tranche d'ondes est le moins épaisse, c'est en face du cap del Pezzo précité ; de ce point jusqu'à Scaletta, il y a une augmentation de plus du quadruple.

L'écueil de Charybde ne se trouve pas tout à fait, comme le dit Homère, vis-à-vis du rocher de Scylla ; il est un peu plus avant dans le détroit, entre le Faro et Canzirri. Là, on avait signalé dès l'antiquité l'existence d'un courant régulier, analogue à celui que présente l'Euripe entre la Béotie et l'Eubée. Deux fois par jour, il se dirigeait de la mer Tyrrhénienne vers la mer de Sicile, pour refluer également deux fois en sens inverse. Au milieu de ce courant, non loin de Messine, un tourbillon faisait chavirer les navires, qui s'engloutissaient dans son bouillonnement : de là vraisemblablement la vieille tradition de Charybde et de Scylla, que l'on retrouve mentionnée encore au moyen âge à propos de l'exploit de Cola Pesce (Cola le poisson). A trois reprises, en présence de la cour assemblée, l'intrépide nageur plonge dans le gouffre pour aller repêcher la coupe d'or qu'y a jetée le roi Frédéric de Sicile. Deux fois, il reparaît sain et sauf ; mais, à la troisième, l'abîme garde sa proie[1].

Si, de nos jours cependant, le sage Ulysse revenait d'aventure

1. Comparez la légende septentrionale de la coupe du roi de Thulé.

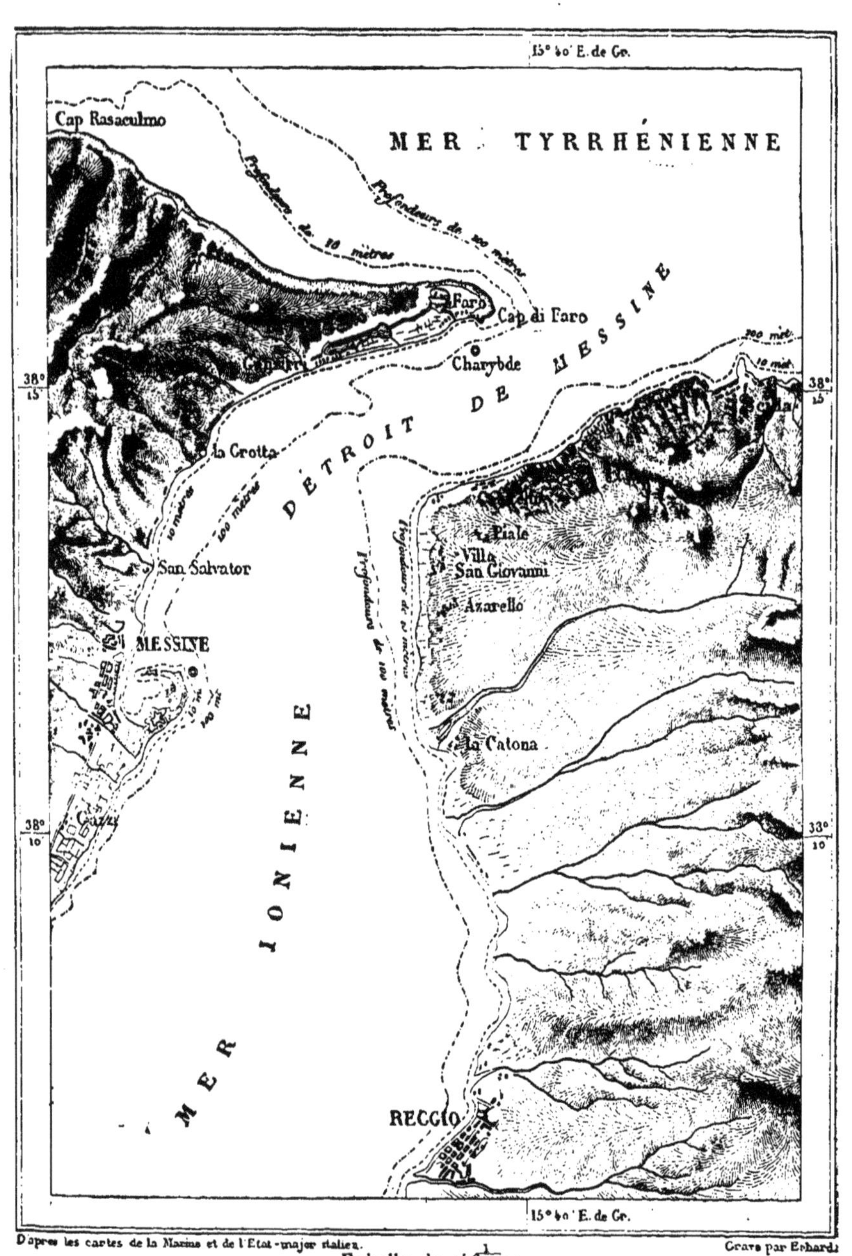

D'après les cartes de la Marine et de l'État-major italien. Gravé par Erhard

Échelle de 1/156 000

0 5

CARTE DU DÉTROIT DE MESSINE.

au monde pour recommencer ses courses errantes à la recherche d'Ithaque sa patrie, il aurait, j'imagine, quelque peine à découvrir des aspects particulièrement horrifiques à l'écueil de Scylla par exemple. C'est un rocher de gneiss abrupt, d'une centaine de mètres de haut, au pied duquel il n'y a pas plus de brisants qu'ailleurs. Faut-il supposer qu'il existait autrefois à cette place un nid de pirates ou de naufrageurs redouté à bon droit des navires de passage, ou quelque autre particularité inconnue avait-elle contribué à donner à cette porte nord du détroit une réputation mystérieuse et sinistre? C'est là un problème dont la solution nous échappe. Voici, en réalité, ce qu'on observe aujourd'hui dans le canal.

Au large règne effectivement un mouvement de flux et de reflux, dont la vitesse, disent les marins de ces parages, varie de cinquante à cent trente mètres à la minute, et qui change de direction de six heures en six heures. Le courant qui va du sud au nord s'appelle la *rema montante;* celui qui va au contraire du nord au sud est la *rema scendente.* Ces phases étaient déjà connues de Polybe, qui relève, à ce sujet, l'erreur commise par Homère. Outre ce courant médian, il y en a d'autres qui se dirigent parallèlement à la côte en se heurtant au précédent, et qui produisent, principalement près des promontoires, de petits tourbillons (*refoli*) capables de mettre à mal le navigateur inattentif. Le plus remarquable est le courant dit *gàrofano* (œillet) qui se trouve non loin de la pointe de la jetée de Messine [1]. Peut-être est-ce à ce dernier que se rapportait la description d'Homère. Pour les barques non pontées des Grecs, et spécialement pour la nef creuse (σχέδιη), en forme de caisse, qu'Ulysse s'était fabriquée de ses mains en quittant l'île de Calypso, ce tourbillon pouvait être terrible; aujourd'hui encore, je le répète, les petits bâtiments y sont parfois en danger, et j'ai même vu un jour un vaisseau de soixante-quatorze canons tournoyer un moment à sa surface.

Ces parages maritimes ont d'ailleurs subi depuis l'antiquité un certain nombre de changements [2]; l'action des courants a dû augmenter la largeur du détroit; les tremblements de terre propres à cette

1. Il y en a une autre plus au nord, près du village de Faro.

2. Aujourd'hui comme jadis, cependant, on pêche dans le détroit l'espadon (épée de mer, *xiphias gladius*), poisson souvent plus gros qu'un dauphin. On le harponne dans de petits bateaux; un homme rame, tandis que l'autre lance le croc de fer, suivant la méthode décrite par Polybe.

région ont pu, en bouleversant les côtes, modifier également le fond de la mer. Et ce n'est pas seulement dans le canal, c'est tout autour de l'île elle-même que des exhaussements se sont produits : de là sans doute actuellement, en quelques endroits du littoral sud, le phénomène appelé *mer rouge* (*marrobio, mare rubro*), que les anciens n'ont pas mentionné, et qui est dû au reflet d'une vase soulevée avec le niveau du fond.

Entre la Sicile et l'Afrique, la distance à vol d'oiseau n'est que de

LE MONT ERYX.

cent vingt kilomètres ; près de Lilybée, par un temps clair, on aperçoit la pointe nord de l'antique Libye, le cap Bon, voisin de Tunis (ex-promontoire *Hermæum*). Or, dans l'intervalle, se trouvent encore des hauts fonds, des bancs de sable qui ont des lieues carrées de développement : tel est et le banc Adventura, et celui de Skerki, redoutés l'un et l'autre des navigateurs. Il ne faudrait plus qu'une faible surélévation du sol marin à ces places pour les faire émerger tout à fait, et rendre possible l'établissement d'un pont entre l'Europe et le continent noir. En très peu d'endroits les profondeurs excèdent cent brasses (162 m. 40), et les innombrables fossiles d'animaux et de plantes trouvés dans les cavernes calcaires des côtes nord et ouest de la Sicile prouvent qu'autrefois l'Afrique attenait à l'Europe, comme la Sicile elle-même était jointe par un isthme, dont la rupture date d'une époque inconnue, aux monts calabrais d'Aspromonte.

II

La Sicile est la terre par excellence des antiques légendes et de la mythologie. Avant que les hommes en prissent possession, les dieux, dit la tradition, l'habitaient. Cérès en avait fait son séjour de prédilection; Vénus y visitait volontiers la cime de l'Eryx (pointe nord-ouest); Eole, le maître des vents, régnait sur le groupe éolien des Sept-Iles (Lipari). Enna surtout, sur l'emplacement de laquelle s'élève aujourd'hui l'abrupte bourgade de Castrogiovanni, fut, de toute ancienneté, le point central et sacré de la Trinacrie, « le nombril » de l'île, comme l'appelaient les Romains. C'est dans ses plaines fleuries, parmi ses lacs, ses bois murmurants, ses sources limpides, que Proserpine passa ses premières années. On y montre encore au voyageur la caverne béante d'où le dieu des enfers, Pluton, sortit tout à coup monté sur son char pour enlever la fille de Cérès. Là, du sommet de l'Artesino, relief situé au point de rencontre des lignes qui divisent la Sicile en trois grandes vallées, le regard embrasse toute la contrée avec les complexes ramifications de ses monts et de ses défilés.

Ailleurs, à la côte est, près d'Aci Reale, le pays de la nymphe Galatée, sont les célèbres îles des Cyclopes, qui forment avec le promontoire septentrional de Catane un des sites siciliens le plus souvent reproduits par la gravure. Depuis des siècles, les bords de ce fleuve Acis, qu'adoraient autrefois les nymphes, ont bien changé; le vallon a perdu en partie sa riante végétation; les prairies aux herbes savoureuses, où le géant de la Fable faisait paître ses brebis, se sont presque desséchées ; mais la légende du Cyclope dépeint par Homère plane toujours sur les énormes falaises du littoral.

Tous les grands peuples batailleurs du globe, Phéniciens, Grecs, Carthaginois, Romains, Sarrasins, Normands, Espagnols, ont envahi et possédé tour à tour cette terre fortunée des vieux Sicanes. Là, en effet, le soleil a des ardeurs inconnues dans le reste de l'Europe, le sol une fécondité dont n'approche pas même celle des districts napolitains sis en deçà du Phare. Renommée déjà pour ses céréales à l'époque homérique, la Sicile fut, on le sait, le grenier des Romains, qui adoptèrent le code agraire publié par Hiéron de Syracuse. Dans les plaines et les vallées basses, la végétation est quasi tropicale ; le palmier africain de haute futaie, le dattier, le bananier, la canne à sucre y croissent en pleine terre ; le papyrus du Nil y incline sur maint ruisseau, parmi de gigantesques roseaux, ses bouquets de fibres soyeuses ; le figuier de Barbarie couvre les campagnes du littoral ; la moindre coulée de lave, aux environs de l'Etna, se revêt d'épais fourrés de cactus. Vous y voyez aussi des giroflées et des géraniums hauts comme des arbustes, des orangers qui aspirent à la taille des chênes, des lauriers aux parfums enivrants, des aloès aux feuilles d'acier aiguisées comme des sabres à deux tranchants. D'inextricables massifs d'arbrisseaux entourent le tronc de chaque arbre ; des lianes entremêlent aux branches leurs guirlandes ; des légions d'oiseaux gazouillent dans ces feuillages odoriférants, et une vie intense d'animalcules, — coléoptères énormes, salamandres, lézards, scorpions, mille-pieds, cigales de la grosseur de grenouilles, — s'agite et frissonne sous vos pas.

Dans les vastes pâtis des montagnes de l'intérieur ont erré de tous temps d'innombrables troupeaux ; les anciens prisaient fort les chevaux de Sicile, et la vache sicilienne est vantée par Horace. Dans les huttes du littoral habite une gent de hardis pêcheurs. Ce sont eux qui approvisionnent si largement d'espadons et de thons par exemple les marchés de Palerme et de Messine. Les plus aventureux s'en vont, durant de longs mois, dans les mers tempétueuses de l'Afrique, récolter le corail purpurin, tandis que leurs frères, attachés par leur labeur au « plancher des vaches », fouillent péniblement les entrailles du sol volcanique pour en extraire le soufre précieux.

DÉTROIT DE MESSINE.

Dans les grands ports de la côte, le spectacle et le genre de vie sont plus variés, et c'est là, en tout cas, que l'on saisit le mieux la complexité de cette population insulaire à laquelle tant d'immigrations, — grecques, romaines, lombardes, arabes, — ont apporté leurs alluvions successives.

III

Historiquement, la décadence de la Sicile date des guerres puniques, qui dévastèrent affreusement le pays. Au commencement de notre ère, une partie déjà était déserte. Strabon n'y compte que seize villes, dont quatre à l'intérieur, vers la côte orientale; le reste de la région était abandonné aux pâtres. Cent ans plus tard cependant, Pline l'Ancien énumère dans l'île soixante-neuf cités; une amélioration s'était donc produite dans cet intervalle. Voici d'ailleurs une série de chiffres qui en disent plus que toutes les phrases : au temps de la guerre du Péloponnèse (ve siècle avant Jésus-Christ), la population de la contrée s'élevait à 3,500,000 âmes; à l'époque arabe, elle avait diminué d'un tiers, et, sous les princes aragonais, elle n'était plus que d'un million; en 1815, par contre, on l'évaluait à 1,600,000. Aujourd'hui, elle est remontée jusqu'à 2,700,000.

Depuis l'antiquité, la végétation, telle que je l'ai décrite, n'a pas changé de caractère, abstraction faite de certaines essences récemment introduites dans le pays, telles que l'*oxalis ceruna*, qui y croît maintenant en abondance, comme dans le sud de l'Espagne, et le *mesembryanthemum acinacifolium*, importé, lui aussi, du cap de Bonne-Espérance. Au point de vue de la flore comme du climat, on distingue trois zones : la zone maritime, qui va de la côte à l'altitude de 500 mètres environ, un peu plus étendue à l'ouest et au sud, avec une température moyenne de 18 à 16° centigrades en été, et de 12 à 10° en hiver; c'est la région des *agrumi*[1], la partie où croissent dattiers et palmiers; la seconde zone, celle des vignes et des céréales, monte jusqu'à 1,000 mètres; la troisième,

1. Voyez ci-dessus, la note de la page 92.

plus élevée du double, comprend seulement les essences d'Europe, avec les forêts feuillues d'été, et, par surcroît, aux pentes de l'Etna, les bois de conifères. La température moyenne y est à près de 0°, et, l'hiver, le thermomètre y fléchit à plusieurs degrés au-dessous.

Le sirocco, assez rare, surtout sur la côte occidentale, souffle d'ordinaire du sud-est ou du sud-sud-est, toujours très violent. L'air

LAC DE PROSERPINE PRÈS D'ENNA.

alors est plein de vapeurs, *caliginoso*, comme on dit là-bas ; parfois il tombe un peu de pluie, une de ces pluies des régions du sud, aux gouttes tellement espacées qu'on pourrait presque les compter. L'humidité est sensible cependant sur les habits, les murs et les meubles[1]. En même temps, une fine et rouge poussière de matières organiques et végétales (*rossa*) se dépose sur les feuilles des arbres, où l'on peut la recueillir. Bientôt le terrible vent, qui n'est, semble-t-il, qu'une

1. A Palerme et sur la côte nord, le sirocco, qui se débarrasse sans doute de son humidité en franchissant des crêtes hautes de 1,500 à 1,900 mètres, est accompagné d'ordinaire d'une sécheresse telle que parfois les meubles s'éclatent et que l'encre se tarit.

PAPYRUS EN SICILE.

transformation du *simoun* saharien, prend une force qui soulève les vagues à une hauteur prodigieuse et les rejette violemment contre les roches du rivage. Un autre effet de ce souffle d'Afrique, qui ne dure que trois jours au plus, c'est de causer à tous les êtres vivants une oppression dont ne se peuvent rendre compte ceux qui ne l'ont pas éprouvée.

En dix ans à Catane, on a compté 68 jours de sirocco, 19 en avril, 25 en mai, 13 en septembre, et le reste en mars; les autres mois en ont été complètement indemnes. Sur le littoral est de Sicile, ce vent n'amène pas de chaleurs excessives; le vrai souffle chaud, de ce côté, est plutôt, comme j'ai cru l'observer, dans les périodes d'été et d'automne, un courant atmosphérique venant de l'ouest.

Parmi les arbres fruitiers, les *agrumi* et la vigne tiennent le premier rang. Un oranger bien cultivé, près de Palerme par exemple, rapporte de 600 à 700 fruits; un citronnier donne jusqu'à 1,000 et 1,100 citrons. Le cep monte, je l'ai dit, jusqu'à 1,000 et 1,200 mètres d'altitude. Déjà, du temps des Romains, les vins de Tauromenium et de Murgantia (côte de Taormina et de Catane) étaient fort estimés, et l'on avait, rappelons-le, planté des vignes de Sicile à Sorrente. Aujourd'hui, on ne cultive pas moins de 36 espèces de ceps dans toute l'île. Les meilleurs crus, rouges ou blancs, sont ceux de l'Etna, de Marsala, de Syracuse et du val di Noto. Le Sicilien aime du reste à parfumer ses vins; aux variétés fortes il ajoute la feuille du groseiller et d'autres aromes. Tous ces produits de Bacchus donnent lieu à un commerce considérable, principalement aux ports de Giarre et de Riporto, situés justement au pied de la pente la plus vineuse de l'Etna. Là, le touriste français, avant la rupture du traité de commerce, voyait toujours quantité de navires embarquant à destination de Bordeaux des barriques dont le contenu, travaillé après coup, circulait sous le nom de cru girondin.

Au nombre des arbres à fruits, je citerai également : le sumac, essence aux grandes feuilles, formées de dix à douze folioles pointues et dentelées, avec des épis coniques d'un rouge vif; de ses fruits, on fait de la limonade; l'olivier, le frêne à fleurs, l'amandier, le caroubier à siliques, arbuste aux branches torses et pendantes, aux fleurs pourpres disposées en grappes : sa gousse renferme une pulpe sucrée dont les bestiaux et aussi les hommes se nourrissent; l'opuntia ou figuier de Barbarie, encore une plante alimentaire de première importance pour le Sicilien. Croissant dans les sols même les plus mauvais, l'opuntia est comme un pionnier de végétation sur les alluvions de laves anciennes, où il ne se laisse devancer que par le lichen; c'est lui qui prépare le terrain où viendront ensuite le cep et les autres espèces fruitières. Il fournit ses meilleurs produits dans les districts de Paterno, de Biancavilla (Etna) et dans le pays de Lentini. Sa tige, composée d'une série de palettes épaisses, avec des feuilles revêtues d'épines, sert en outre à former ces haies particulièrement résistantes qu'on aperçoit par exemple en files le long des chemins de fer.

Ajoutons à cette nomenclature sommaire la tomate, venue de la côte orientale d'Amérique, et qui joue presque en Sicile le rôle de la pomme de terre chez nous. Elle remplit parfois des jardins entiers; elle assaisonne la plupart des mets nationaux, et principalement le macaroni. Cuite en pâte, elle se met en réserve pour l'hiver. Le malheur est que l'homme du nord, si j'en juge du moins par moi-même, s'habitue difficilement à la saveur de ce légume, lequel empeste l'haleine, comme on ne s'en aperçoit que trop lorsqu'on cause avec une *popolano.*

Ces généralités posées, faisons maintenant le tour de l'île, du nord au sud et de l'est à l'ouest, en partant de ce cap Faro (ancien *Pelorus*) qui forme, à l'entrée supérieure du détroit de Messine, l'extrémité de la chaîne de montagnes sise au-dessus de l'Etna.

CHAPITRE XV

Messine et Taormina. — La grotte des Colombes. — Catane. — Orographie de la Sicile; l'Etna. — Au bord du cratère. — Cônes anciens. — Les trois régions de la montagne. — Eruptions du volcan. — Les vallées du Simeto et de la Cantara. — Syracuse. Souvenirs du temps d'Archimède et de Théocrite. — L'oreille de Denys.

I

Du cap del Faro une route en lacets descend à Messine, et l'on entre dans cette ville par la grande rue Garibaldi.

Messine « la noble », primitivement appelée Zancla (*faucille*), à cause de la figure arquée de son rivage, est une véritable cité internationale, peuplée de près de 100,000 âmes. Son port, clos à l'est et au sud par une langue de terre en demi-cercle (le bras de Saint-Renier), est un des plus beaux du monde ; la nature seule en a fait les frais ; l'homme s'est contenté d'y ajouter des brise-lames. La ville possède du reste peu d'antiquités; elle est avant tout, comme Livourne, une place de commerce et de transit, l'étape forcée de la plupart des navires à vapeur qui font le service entre l'Europe méridionale et les diverses contrées du Levant.

Ce qui frappe le plus à Messine, c'est l'imposante ligne des quais avec leurs constructions monumentales et le grand castel par les brèches duquel passe le paquebot pour aller atterrir devant la gare du chemin de fer de Catane. Une cathédrale, commencée au XIe siècle par Roger de Sicile, le jardin de la Flora, la rue Cavour, le corso Victor-Emmanuel, avec sa fontaine de Neptune où sont enchaînés les deux monstres Charybde et Scylla, enfin la villa Guelfonia, d'où l'on jouit d'une si belle vue sur la ville et le détroit, telles sont, avec les forts des collines de l'ouest, les principales curiosités de cette ex-colonie cuméenne.

A 47 kilomètres de Messine, au delà du cap d'Alessio, que la

SUR LA ROUTE DE MESSINE A TAORMINA.

voie ferrée traverse en tunnel, se trouve, sur un vaste rocher à la base singulièrement découpée par la mer, l'antique *Tauromenium*, aujourd'hui Taormina (4,000 âmes). La ville actuelle ne se compose guère que d'une longue rue; mais elle a gardé, du moyen âge, quelques palais remarquables, entre autres le palais Corvaja, massive

MESSINE.

construction mauresque à créneaux, et l'antiquité y est représentée par les ruines d'un superbe théâtre gréco-romain. Creusé en partie dans le roc, sur une éminence dominant la mer, cet édifice pouvait contenir 30,000 spectateurs, presque dix fois ce que compte d'habitants la Taormina moderne.

Au pied même du rocher à pic où s'élève la ville commence le domaine de l'Etna, dont la cime est pourtant éloignée de 18 kilomètres environ. De ce côté, le courant de laves le plus proche s'avance dans la mer sous la forme d'un éperon allongé qui porte aujourd'hui le nom de cap Schiso : c'est sur ce dernier promontoire que les immigrants ioniens, il y aura bientôt trois mille ans, fondèrent Naxos, la plus vieille colonie grecque de Sicile.

Deux villes, relativement importantes, séparent Taormina de Catane : ce sont Giarre et Aci Reale.

Giarre possède dans ses environs (versant sud de l'Etna) plusieurs curiosités naturelles : les restes du fameux *Châtaignier des Cent Cavaliers*, qui, intact, avait 57 mètres de pourtour ; celui de la Nave, dont le tronc mesure 32 mètres, et le *castagno della Galea*, de 24 mètres de circonférence, encore dans sa force et en pleine croissance.

Aci Reale, dont j'ai déjà parlé à propos des vieux mythes grecs, est une localité prospère, qui ne renferme pas moins de 30,000 âmes. Elle occupe une position splendide, sur un plateau formé de sept coulées de laves superposées qui se termine, du côté de la mer, par une falaise de plus de 100 mètres d'élévation. On descend de là, par un chemin en spirale dit la Grande Échelle (*Scalazza*), à un pittoresque hameau de pêcheurs au nord duquel on peut visiter, dans un fouillis de roches, une superbe caverne qui rappelle un peu la grotte basaltique de Fingal. Ce vaste porche, où le flot, en s'engouffrant, arrache à l'air comprimé toutes sortes de râles et de sanglots, se nomme la « grotte des Colombes ».

Catane (*Catania*), dont le nom signifie « au-dessous de l'Etna », n'est pas seulement la patrie du célèbre compositeur Bellini ; elle est, comme Messine, une cité marchande et vivante, peuplée de près de 100,000 habitants. Malheureusement, de même que Messine, elle est sans cesse menacée par les tremblements de terre d'une part, et les éruptions volcaniques de l'autre. Cinq ou six fois elle s'est vue à moitié détruite ou engloutie par l'un de ces deux fléaux. La ville est d'un aspect agréable; ses rues sont larges et bien percées; tout alentour se déroule une ceinture de beaux jardins remplis d'arbres exotiques aux parfums pénétrants, de villas, de vergers avec des

PALAIS CORVAJA A TAORMINA.

châteaux d'eau rustiques installés sur des aqueducs où coulent les ruisseaux descendant de l'Etna.

Des cent cinq églises de Catane, quelques-unes, la cathédrale Sainte-Agathe, San Nicolo, Notre-Dame de Bon-Secours, San Francesco, méritent d'être visitées en détail. Les ruines antiques de la cité n'offrent, par contre, qu'un médiocre intérêt, après la majestueuse vision des restes de Pæstum et de Taormina. Quant au port, créé jadis par la lave, puis à moitié comblé par elle, il est loin de suffire aux besoins du commerce local; aussi s'occupe-t-on très activement

THÉATRE ANTIQUE DE TAORMINA.

de l'agrandir. Catane est en effet, grâce à son réseau de chemins de fer et de routes carrossables, le chef-lieu et le débouché des districts les plus industrieux et les plus peuplés de toute la Sicile, le point naturel où affluent toutes les denrées des campagnes sises au dessous de l'Etna, jusqu'à Agrigente.

II

C'est de Catane ou d'Aci Reale que se fait d'ordinaire l'ascension de l'Etna.

Il suffit de jeter un coup d'œil sur la carte, pour voir que le sol de la Sicile est formé en majeure partie de montagnes. Sur la côte nord, se dresse la chaîne neptunienne des Pélores qui continue, semble-t-il, au delà du détroit de Messine, la chaîne de l'Apennin italien. Elle se prolonge à l'ouest, jusqu'à Palerme et à Trapani, par les Nébrodes ou Madonie, dont le point culminant, le Pizzo Antenna (1,975 mètres), n'est libre de neige qu'au commencement de juin. A cette ligne orographique s'en rattache une autre qui part de la pointe sud-est du triangle trinacrien (cap Passaro) et traverse diagonalement l'île. Le point de jonction des deux reliefs se trouve vers le centre du pays, près de ce mont Altesina (ou Artesino) dont j'ai parlé ci-dessus [1]. Quant à l'Etna, il n'appartient à aucune de ces chaînes; il représente un massif à part, inscrit à la partie nord-est de l'espace demi-circulaire ou triangulaire qu'elles enferment du côté du détroit.

Ce « pilier du ciel », comme l'appelaient les Anciens, occupe, entre les vallées de la Cantara et du Simeto, une superficie d'environ 1,200 kilomètres. Il mesure 36 lieues de tour à sa base, c'est-à-dire deux fois la circonférence du Chimborazo des Andes. Sa hauteur, qui varie, comme celle du Vésuve, est actuellement, y compris le cône terminal, de 3,313 mètres, soit 10 mètres de plus que le chiffre indiqué par l'inscription du couvent des Bénédictins de Catane. La déclivité générale de la montagne est très faible, grâce aux épanchements de laves qui en prolongent et en adoucissent de toutes part les pentes. Toutefois, une falaise plus ou moins marquée sépare presque partout le pied de l'Etna de la plaine d'alentour. Au dessus de cette falaise s'étend un plateau bombé, que surmonte un talus latéral aboutissant à la gibbosité

1. Voyez chapitre XIV, page 233.

médiane dite le Mongibello. Celle-ci, à sa partie supérieure, présente elle-même un petit plateau incliné, le Piano del Lago, que domine le cône final où s'ouvre la bouche du grand cratère.

Pour faire l'ascension de la montagne, on se rend d'abord au gros village de Nicolosi, situé à 689 mètres d'altitude, entre deux courants de laves, au centre d'une espèce de cirque que commandent les deux cônes volcaniques des Monti Rossi, ainsi nommés à cause de la couleur rougeâtre des scories qui les couvrent. De là, en trente-cinq minutes, on atteint le sommet. Un savant géographe, qui a gravi l'Etna il y a environ vingt-cinq ans, raconte ainsi les particularités de son escalade :

« Le soleil venait de se lever lorsque nous arrivâmes sur le plateau doucement incliné qu'on appelle Piano del Lago, en souvenir d'une lagune de neige fondue, comblée par les laves au commencement du XVIIe siècle. Les rayons glissaient obliquement sur la nappe blanche en y faisant briller d'innombrables diamants. Directement en face, nous voyions se dresser le grand dôme, rayé çà et là d'avalanches grisâtres où les cendres se mêlaient à la neige. De sa bouche énorme une colonne de vapeurs, entourée à la base d'une guirlande de fumées transparentes, se tordait en larges volutes aux contours dorés, et montait en tournoyant vers les nuages.

« A l'extrémité orientale du Piano del Lago, une longue arête indique le rebord du précipice appelé Val del Bove. Pour me faire voir ce gouffre, l'une des merveilles de l'Etna, mon guide me fit obliquer à droite et contourner au nord la base de la Montagnuola, grand cône d'éruption que, de Catane, on prendrait pour une des cimes du volcan. J'approchais avec une espèce d'horreur de l'effroyable abîme. Bientôt je vis la plaine de laves s'étaler à plus de mille mètres de profondeur, semblable à un fragment d'une autre planète. Autour de nous, c'était la zone polaire avec ses neiges et ses glaces; dans la partie inférieure du cirque, au-dessous des talus d'avalanche qui s'étaient écroulés du plateau, c'était la région du feu avec ses cratères de cendres, ses courants de matières fondues, ses amas de scories. Du haut des escarpements, on plonge le regard jusque dans les entrailles mêmes de la montagne, et l'on peut facilement étudier l'architecture du volcan, en suivant des yeux, sur les parois de l'amphithéâtre, les couches superposées des laves et les murs de trachyte ou de basalte injectés dans les fentes. Jadis une partie de cet abîme, le Trifoglietto, fut une des bouches de l'Etna, et communiquait directement avec la mer souterraine des matières fondues; mais, à une époque immémoriale, la cheminée d'éruption s'obstrua, puis le cratère égueulé fut graduellement raviné par les eaux de

GROTTE DES COLOMBES, PRÈS D'ACI REALE.

neige, et finit par devenir, pendant le cours des siècles, l'énorme cirque irrégulier du Val del Bove.

« Les yeux sans cesse tournés vers l'abîme qui s'ouvrait à côté de moi, je continuai mon ascension vers le cône terminal de l'Etna. Je dépassai, sans les voir, quelques restes d'une construction romaine qu'on appelle la « tour du Philosophe » ; puis je laissai à gauche le restant de terrain qui porte la « maison des Anglais ». Le toit seul de cet édifice hospitalier se montrait au dessus de la neige; pendant les mois d'hiver, ce bâtiment reste enseveli. »

III

C'est à partir de cette *casa degli Inglesi* que commence la montée sur le dernier cône, isolé au milieu d'une petite plaine, et haut de 300 mètres environ. Comme au Vésuve, l'escalade ici est très difficile à cause de l'âpreté de la pente et des débris qui vous glissent sous les pieds. La circonférence du cratère, qui n'était en 1865 que de 300 mètres, s'est accrue depuis lors de 100 mètres ; la cavité qui s'ouvre à son centre a une dizaine de mètres de largeur. Autour de l'orifice, la respiration est souvent gênée par les vapeurs d'acide chlorhydrique, et l'on ne peut que plonger un regard furtif dans le trou. Mais la vraie jouissance ici, pour le gros des touristes du moins, n'est point de fouiller les entrailles du monstre, c'est de contempler le sublime horizon circulaire des trois mers d'Ionie, d'Afrique et de Sardaigne, étreignant de leurs flots d'azur le grand massif des monts de Sicile, tout hérissé de villes et de châteaux-forts. Il va sans dire que, par un ciel clair, on peut, de cette pyramide sourcilleuse, voir les côtes du continent africain.

Ce qui fait la figure caractéristique de l'Etna, c'est l'innombrable nichée de petits cônes ou volcans secondaires, témoignages d'anciennes éruptions, qui sont épars sur ses flancs. On n'en compte pas moins de 700. Tous n'ont pas conservé leur forme naturelle et primitive; plusieurs ont été sensiblement ébréchés, déprimés par les intempéries, ou ont à moitié disparu sous des coulées de laves plus récentes. Il en est qui se sont recouverts de forêts ; d'autres ont vu leurs cratères se métamorphoser peu à peu en jardins, en doux nids de verdure, au milieu desquels scintillent au soleil de jolies maisons de campagne.

La neige tombe sur l'Etna d'octobre en avril, et y reste jusqu'en juillet. Toute l'année même, on y aperçoit des flaques isolées. Les pluies y sont presque nulles en été; une source est chose rare sur ses pentes ; les villages n'ont que des citernes.

Tout le massif etnéen forme une région géographique divisée en trois zones distinctes. C'est d'abord la zone cultivée et peuplée, qui occupe la bande inférieure de la montagne jusqu'à l'altitude moyenne de 800 mètres; là on ne compte pas moins de 65 villes ou villages, peuplés de 300,000 habitants. Vient ensuite la région boisée, *il Bosco*, composée principalement de châtaigniers, de chênes, de hêtres, d'ormes et de pins. Celle-ci s'étend sur un espace de 8 à 12 kilomètres, et s'arrête dans le sens vertical à 1,800 mètres

L'ETNA VU DU SUD.

environ. La dernière zone enfin est le district désert des laves noires et des scories où se dresse la gibbosité centrale. De là, trois mondes différents magnifiquement étagés l'un sur l'autre : aussi un poète sicilien du moyen âge, Scipio Errico, a-t-il chanté, dans son ode au Mongibello[1], cette merveilleuse variété de climats qui va du pôle aux tropiques :

1. C'est le nom vulgaire (de l'arabe *Djebel*, montagne) que l'on donne dans le pays à l'Etna.

In te seggio di Odori
Sta primavera assisa
Entro ruvidi sassi, e molli fiori, etc...

« Sur toi, séjour des parfums, siège l'éternel printemps, entre la

L'ETNA : BASES DU CRATÈRE DU FRUMENTO.

roche âpre et les tendres fleurettes, entre la neige et le feu, entre l'hiver et l'été. »

Comme au Vésuve néanmoins, le drame, ici, est toujours près de l'idylle. Dès qu'un torrent de laves apparaît sur les pentes, les gens des localités etnéennes se forment en procession et promènent les images des saints en renom : c'est la période de supplication, le premier recours contre le fléau. Si ces pieuses pratiques ne conjurent pas les menaces du volcan, si le saint est convaincu d'impuissance, on met de côté bannières et reliques, pour chercher le salut dans la fuite, et le déménagement général commence.

L'histoire a enregistré une centaine d'éruptions de l'Etna; quelques-unes ont duré plusieurs années. La plus considérable fut celle qui, en 1669, envahit lentement la ville de Catane, en rasa une partie, et jeta dans la mer un promontoire de laves de près d'un kilomètre. Les flots, vaporisés au contact de ces brûlantes coulées, s'élevèrent avec d'affreux sifflements, et retombèrent en pluie salée sur toute la campagne voisine. Quatre villes ou villages périrent, et ce fut alors qu'émergea le double cône des Monti Rossi.

En 1819 jaillit un nouveau courant lavique qui mit neuf mois à se déverser sur les pentes du volcan. Quelques années après eut lieu une découverte des plus curieuses : on trouva sous l'Etna une énorme couche de glaces qui s'était sans doute conservée là dans un lit de laves depuis un temps immémorial. Aujourd'hui les gens de Catane s'approvisionnent encore à cette glacière cachée sous la cendre et les scories.

En juillet 1863, le cône supérieur s'ouvrit, et la « maison des Anglais » fut détruite par une chute de pierres. Dans la nuit du 30 au 31 janvier 1865, les laves sortirent au pied du Frumento par une fissure latérale de 2 kilomètres et demi de long, et, trois jours après, un large et épais courant dévala comme une cataracte du haut d'un escarpement. Cela se prolongea jusqu'au mois d'avril. Enfin, en 1874, 1879, 1886, de nouvelles éruptions se produisirent; la dernière a donné naissance, sur le versant sud de l'Etna, à la gibbosité qui porte le nom de Monte Gemmellaro; l'épanchement lavique, long de 8 kilomètres, avait duré un mois plein.

IV

La vallée du Simeto, qui contourne le pied méridional de l'Etna, mériterait d'être parcourue à petits pas.

Les ondes fluviales se sont frayé en maint endroit une route des plus pittoresques à travers les coulées de laves : tel est par exemple le défilé qu'on rencontre en amont de l'aqueduc appelé pont d'Aragona. La rivière ici n'a pas même achevé son travail d'érosion ; on la surprend pour ainsi dire à l'œuvre, réduite encore, faute de mieux, à cabrioler en cascades. L'une de ses chutes, à cause de son

LE PONT D'ARAGONA.

extrême étroitesse, se nomme le « saut de la puce », *salto del pulicello*.

Sur l'autre revers du volcan, dans la vallée de la Cantara, où l'on arrive par l'angle nord-ouest du mont, en franchissant l'ombreux col de Bronte, le paysage n'est pas moins attrayant et original. Là se trouve, entremêlée aux champs de blé, aux enclos d'oliviers et de vignes, toute une végétation alpestre que les coups de cognée intempérants des charbonniers-bûcherons n'auront, malheureusement, que trop vite abattue et stérilisée.

Il faut avoir fait ce « tour de l'Etna », à travers les îlots de laves, les forêts de chênes et de châtaigniers, les amas de scories tordues, les crevasses béantes, les débris de cônes d'éruption, les traînées volcaniques de toute nature, les dunes de sables noirâtres aux efflorescences de soufre et de sel marin, pour se représenter d'une manière exacte les effets de ce qu'on appelle une inondation etnéenne.

En continuant notre voyage sur la côte de la mer Ionienne, nous trouvons d'abord deux villes jumelles en quelque façon. L'une est Agosta, ou Augusta, bâtie près de l'emplacement de la cité grecque de Megara Hyblæa; l'autre est la vieille Syracuse, dont Cicéron vantait encore la grandeur et les richesses.

Fondée par les Doriens au VIIIe siècle avant Jésus-Christ, elle occupa d'abord l'île Ortygie ou aux Cailles; puis, de là, elle s'épandit sur la terre ferme, à laquelle une digue de pierre la joignit, et finit par se composer de plusieurs villes : d'où le nom, à la forme plurielle, de *Syracusæ* qui lui fut donné. Dans la ville primitive s'élevaient le fameux temple d'Arthémis (Diane), celui d'Athéné (Minerve) dont la cathédrale actuelle n'est d'ailleurs qu'une transformation, puis le palais, la citadelle, et ces immenses magasins où l'on conservait une réserve de grain pour le cas de disette. L'Achradine, ainsi se nommait le premier quartier construit sur le continent, était le centre de la vie de la cité; là se dressaient les plus beaux édifices, le forum entouré de colonnades, le prytanée, la curie, le temple de Jupiter Olympien. Le troisième quartier, celui de Neapolis, renfermait, outre divers temples, le plus grand théâtre de la Sicile. Enfin deux autres régions urbaines, Tycha, au nord et le plateau des Epipoles, à l'ouest, que Denys Ier fit enclore de murs, achevaient le dessin de cette ville immense dont le périmètre total mesurait 180 stades, c'est-à-dire plus de 33 kilomètres.

Syracuse possédait deux ports excellents, formés par deux baies profondes : le plus petit, dit le « port de marbre », était encore assez grand pour contenir des flottes entières; l'autre, le porto Maggiore, comme on l'appelle encore aujourd'hui, pouvait se fermer par des chaînes. C'est là que fut mise à la mer, il y aura tantôt 3000 ans, la première quinquérème, vaisseau de ligne de l'antiquité, qui comptait 300 rameurs, chaque aviron manié par cinq hommes. C'était Denys l'Ancien qui l'avait fait construire pour aller à Locres quérir sa fiancée. La population de la ville atteignit jusqu'au chiffre de 500,000 âmes. Le gouvernement en fut d'abord une république aristocratique : puis, à la fin du ve siècle avant notre ère, le pouvoir passa aux mains de rois ou *tyrans*. Le premier en date fut Gélon, qui infligea aux Carthaginois alliés des Perses un si terrible désastre, le jour même (480) où ces derniers se faisaient battre par les Grecs dans les eaux de Salamine. Après lui régna son frère Hiéron Ier, puis à celui-ci succéda Thrasybule, qui se fit chasser en 406. Alors eut lieu une restauration du régime républicain, suivie, au bout d'un an, de l'intronisation de nouveaux tyrans, Denys l'Ancien

SYRACUSE.

et Denys le Jeune. Après quoi le Corinthien Timoléon rétablit derechef la liberté (342). Par malheur, à ving-cinq années de là, le fils d'un simpe potier, Agathocle, asservit encore une fois Syracuse. Un demi-siècle durant, sous Hiéron II, la ville resta fidèle à l'alliance des Romains ; mais, quand éclata la seconde guerre punique, elle se laissa entraîner dans le parti d'Hannibal, et ce fut sa perte. En 215, Marcellus, on le sait, vint l'assiéger : trois années durant, elle résista, défendue par son grand savant et mécanicien Archimède ; puis, en 212, elle dut se rendre. C'en fut fait dès lors de sa prospérité, bien qu'Auguste eût ensuite essayé de la relever au moyen d'une colonie romaine.

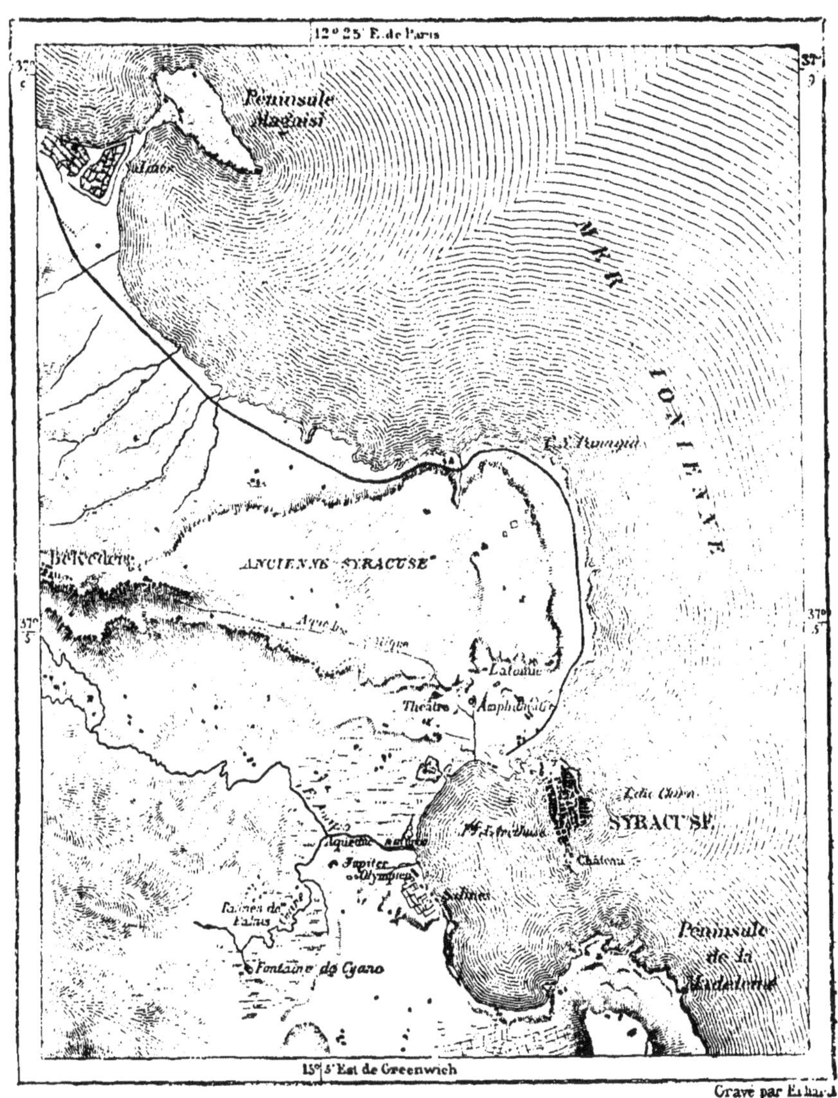

PORT DE SYRACUSE.

Aujourd'hui, cette ville fameuse, où, à chaque pas, des noms antiques réveillent les souvenirs classiques du touriste (fort Euryale, rue de Diane, place Archimède, etc), tient tout entière dans l'îlot d'Ortygie, où coule la célèbre fontaine Aréthuse, et qui n'a pas un mille marin de longueur. Ce port immense, où l'on vit combattre des flottes, et par lequel Verrès à lui seul, nous apprend Cicéron, avait exporté en quelques mois (chiffre d'estimation douanière) pour 1,200,000 sesterces (près de 400,000 francs) d'étoffes, de lits de table et de candélabres[1], est actuellement presque vide. Le chemin de fer rendra-t-il quelque vie à la glorieuse patrie d'Archimède? Il est permis de l'espérer, bien que la côte n'en soit pas des plus salubres. Chaque année, en attendant, une foule d'étrangers y viennent admirer les grandioses débris de son passé, ses fameux murs des Epipoles, ses temples, ses théâtres, ses aqueducs, ses profondes carrières, ou *latomies*, taillées jadis par les esclaves, où l'on remarque, entre autres curiosités, l'étrange caverne connue sous le nom d'*Oreille de Denys*, enfin ses catacombes, imparfaitement déblayées encore, et qui sont les plus considérables qu'il y ait au monde.

V

Une excursion obligatoire pour le touriste, aux environs de Syracuse, c'est celle de la petite rivière Anapo jusqu'au confluent de l'antique *Cyanè* (aujourd'hui Pisma). Cest un des rares cours d'eau de Sicile qu'il soit possible de remonter en barque. Rien de plus charmant que ces deux ruisseaux au lit encombré de gigantesques roseaux et, çà et là, de fourrés de papyrus. On est ici en pleine idylle, au milieu de cette champêtre nature dont s'inspira la muse pastorale de Théocrite.

Né vers la fin du IIIe siècle avant notre ère, celui-ci eut, croit-on, avant de mourir, le chagrin d'assister à la prise de Syracuse par les Romains. En dépit de tous ses imitateurs, il est resté et restera le poète bucolique par excellence. Qui ne se souvient des chants de

1. Or le même Cicéron, dans ses *Verrines*, dit que les droits de sortie, d'après les registres de la douane de Syracuse, se montaient au 20e de la valeur des denrées.

Daphnis, de Ménalque et de Corydon ? Des chevriers et des pâtres, voilà les personnages du poète. Or, en ce temps-là, les bergers de Sicile avaient, comme ont aujourd'hui ceux des cantons suisses, une

THÉATRE ANTIQUE DE SYRACUSE.

sorte de mélodie spéciale, inventée, à ce que dit Épicharme, par un certain Diomos. Sur ce mode, ils luttaient entre eux d'inspiration et de grâce. Aujourd'hui encore, comme au temps de la bergère Galathée, le peuple des campagnes siciliennes aime à moduler des idylles dans les fêtes de la moisson : un homme et une femme chantent alternativement, jusqu'à ce que l'un ou l'autre se déclare vaincu. Maint improvisateur, dont le nom est connu à la ronde, prend part à ces joutes poétiques. Parfois aussi, sous un arbre, sous une tente, dans un cabaret, des rivaux se rencontrent et se défient; on apporte du vin, on propose un sujet. Tantôt, c'est une énigme (*dubbio*), que l'adversaire est tenu de résoudre immédiatement dans le même mètre, et, autant que possible, avec les mêmes rimes; tantôt, le contenu de la question est une simple plaisanterie, d'une portée plus ou moins malicieuse. Des taquineries de toute sorte se mêlent souvent à ces jeux agrestes, qui, en plus d'un cas, dégénèrent en provocation : aussi les assistants ont-ils soin d'enlever toute espèce d'arme aux parties.

XVI

La côte sud de Sicile. — Licata et ses soufrières. — La moderne Girgenti et la vieille Agrigente. — La légende de la vie et de la mort d'Empédocle. — Les restes de Sélinonte. — Au promontoire de Lilybée; Marsala et Trapani. — Le mont Eryx. — Sur la colline de Ségeste; ruines et sites. — Alcamo et Monreale.

I

A partir de Syracuse, il n'y a présentement sur la côte sud-est que le tronçon de voie ferrée qui se dirige vers la ville de Noto; mais une grande route de voitures, que doit bientôt remplacer un railway, va par l'intérieur jusqu'à Girgenti. Quant au chemin du littoral, par lequel on gagne le cap Passaro, une des trois pointes du triangle qui a fait donner à la Sicile son nom antique de *Trinacria*, il est absolument désert, dépourvu de gîtes confortables, et n'offre d'ailleurs, au point de vue des sites, qu'un intérêt tout à fait secondaire. Pour retrouver un réseau ferré, il faut aller, au sud de la chaîne qui forme de ce côté la ligne de partage des eaux, jusqu'au petit port de Licata (18,000 habitants), à l'embouchure de l'ex-rivière *Himera* (le Salso).

Licata a passé un moment pour être l'ancienne colonie rhodienne de Géla, qui fut elle-même la métropole d'Agrigente et où mourut le poète Eschyle; on reporte aujourd'hui cet honneur à sa voisine Terranova, située à sept lieues plus à l'est, et renommée entre toutes les villes de Sicile pour la beauté classique de ses femmes. Ajoutons que la région de Licata est, avec celle de Caltanissetta, sise plus haut, vers Castrogiovanni, une des plus riches en soufre de

RADE DE LICATA.

toute l'île. Ces soufrières, pour la plupart, sont assez loin de la mer, et le transport des produits s'opère d'une façon assez primitive, à dos de mulet le plus souvent, ou, quand le chemin est carrossable, à l'aide de charrettes traînées par des bœufs. L'exploitation se fait au moyen de galeries inclinées de 40 à 70 centimètres, pourvues de *scalone* ou gradins, et dont les muraillements, au lieu d'être boisés, sont plâtrés tout bonnement. Des enfants, dits *rouleurs*, sortent les déblais dans des paniers d'osier qu'on appelle *stercature*. Ce soufre de Sicile sert à la médication des vignes atteintes de l'oïdium, à la fabrication de la poudre, de l'acide sulfurique, et à certaines opérations de teinture.

La cité maîtresse du littoral sud, c'est Girgenti, la vieille Agrigente, qui compta, comme Syracuse, ses habitants par centaines de mille. Bâtie en amphithéâtre sur l'escarpement d'une montagne, elle n'occupe plus aujourd'hui que l'emplacement de son ancienne acropole. La limite de sa primitive enceinte du côté de la mer reste indiquée par les ruines de ses grands temples de Jupiter Olympien, d'Hercule, de la Concorde, de Castor et Pollux, d'Esculape, etc. ; quant à la ville moderne, mal ordonnée et sordide, elle ne possède qu'un édifice intéressant : c'est la cathédrale du XIIIe siècle qui couronne la colline ; encore ce monument a-t-il été construit avec les débris profanes d'un temple de *Zeus*; son baptistère même n'est autre chose qu'un sarcophage antique dont les bas-reliefs représentent les amours de Phèdre et d'Hippolyte. Agrigente fut, rappelons-le, la patrie d'Empédocle, le fameux philosophe et naturaliste du Ve siècle avant Jésus-Christ, qui chanta, — car en lui le savant se doublait d'un poète, — les « rives dorées » de l'Acragas, une des deux rivières de la plaine d'alentour.

Ce fut Empédocle qui, le premier, reconnut définitivement l'existence des quatre éléments, l'air, l'eau, la terre et le feu. Comme Pythagore, désireux de s'approprier la science orientale, la « sagesse », comme on disait alors, il fit sur mer de nombreux voyages. Cet amant de la nature était en même temps un médecin renommé ; la légende prétend qu'il rappelait à la vie les moribonds abandonnés par les autres disciples d'Esculape. C'était aussi un enchanteur : il passait pour commander aux éléments et conjurer les vents déchaînés. Grâce à sa science, il put assainir les marais de Sélinonte ;

aussi les Sélinontais, qu'il avait ainsi délivrés de la peste, l'adorèrent-ils comme un Dieu. On raconte qu'en l'an 441 il se rendit dans le Péloponnèse et parut aux jeux Olympiques : à peine connut-

AGRIGENTE. — RUINES DU TEMPLE D'HERCULE.

on sa présence que les regards des assistants se détournèrent de la lice pour se fixer unanimement sur lui.

Il mourut en 424, âgé de soixante ans environ. Différentes versions coururent sur la fin de cet homme extraordinaire. Les uns dirent qu'après la guérison de Panthée il donna une grande fête sur son domaine de Peisianax ; le festin terminé, à la nuit, tous les invités se retirèrent pour se livrer au repos ; seul Empédocle n'alla pas se coucher... Le lendemain matin, on le chercha vainement. Les esclaves, interrogés, ne surent que répondre; un d'eux affirma cependant avoir entendu, au milieu des ténèbres, une voix qui appelait Empédocle. L'esclave alors s'était levé, et il avait aperçu au ciel un rayonnement étrange de lumière... On en conclut que le grand philosophe était devenu dieu, et des sacrifices furent institués en son honneur.

Une autre légende, mise en circulation par ses ennemis, prétendit qu'Empédocle, pour frapper les imaginations et faire croire en effet que les dieux l'avaient appelé parmi eux, s'était précipité dans le cratère de l'Etna. Il comptait sur cette disparition mystérieuse pour effacer toute trace de lui-même; mais le volcan déjoua son espoir, et le convainquit de supercherie en rejetant ses sandales. Cette dernière version de sa mort finit par devenir historique, avec cette réserve toutefois que l'illustre Agrigentais fut réputé avoir, comme fit plus tard Pline l'Ancien sous le Vésuve, sacrifié sa vie à la science, et péri tout simplement d'accident en voulant observer de trop près une des éruptions de la montagne.

II

Plus à l'ouest, sur cette même côte sud de la Sicile, au delà de Montallegro, de Sciacca et de Menfrici, on rencontre les restes de la grande colonie mégaro-hybléenne de Sélinonte, deux fois détruite par les Carthaginois, et qui déjà, du temps de Strabon, n'était plus qu'un amas de débris. Trois temples de style dorique, c'est tout ce qui reste de sa splendeur. Plus loin encore, voici Marsala, l'antique Lilybée, célèbre par son vin, et par l'expédition de Garibaldi et des *Mille* au mois de mai 1860. Son nom moderne de Marsala (en arabe, port d'Ali) lui vient, dit-on, des Sarrasins. C'était jadis, non-seulement une ville florissante, mais encore une très forte place, où les Carthaginois purent soutenir un siège de dix ans contre les Romains. Ce fut là que Scipion l'Africain s'embarqua pour la deuxième guerre punique, de là aussi que César passa en Afrique pour combattre

Juba, le prince mauritanien. Cicéron y résida en qualité de questeur. Longtemps son port demeura un des refuges des pirates turcs de la côte barbaresque.

Non loin de Marsala, en face des îles Egades ou des Chèvres, près desquelles les galères de Rome infligèrent à celles de Carthage la défaite qui mit fin à la guerre *inexpiable*, est l'antique cité punique de Drepanum, aujourd'hui Trapani (35,000 habitants). Grâce à son port excellent et au chemin de fer qui l'unit à Palerme, Trapani est en passe de devenir un très actif marché d'échanges entre l'Europe et la Tunisie. Les habitants, grands pêcheurs de thon, de corail et d'éponges, exploitent en outre de leur mieux les riches salines des environs. On sait que c'est à Drepanum que mourut Anchise et qu'Enée célébra les jeux dont parle le poème de Virgile. Le long faubourg de la *strada Fardella*, qui s'amorce à la place Victor-Emmanuel, traverse la plaine illustrée par la description du poète.

Tout près de là, au nord-est, s'élève à 750 mètres d'altitude l'Eryx des Anciens (mont San Giuliano), où Vénus avait un temple aussi beau que le sanctuaire de Paphos, et que mille prêtresses desservaient tour à tour. Les fameuses colombes de la déesse n'ont pas cessé de fréquenter la cime escarpée de la montagne, et les coups de fusil sacrilèges des chasseurs ne les empêchent pas de revenir chaque année nicher dans les roches du littoral sacro-saint. Une petite ville aux rues étroites et en escalier est posée comme une aire au front du relief.

III

A partir de Castellamare del Golfo, la voie ferrée tourne au sud et quitte le rivage de la mer pour se diriger dans l'intérieur des terres en remontant le Freddo, rivière qu'on croit être l'ancien *Crimissus*, près duquel Timoléon, en 340 avant Jésus-Christ, battit l'armée punique d'Hasdrubal. Treize kilomètres plus loin, près de la station de Calatafimi (10,000 habitants), dorment sur une colline solitaire, environnée de montagnes et de rochers gris, les ruines augustes de Ségeste. Un fragment de théâtre, et surtout un temple à trente-six colonnes, dans un état si merveilleux de conservation qu'on le dirait presque bâti d'hier, témoignent encore de la vieille

SITE DES ENVIRONS D'ALCAMO.

cité, autrefois rivale de Sélinonte, qui fut, croit-on, antérieure à l'établissement des colonies grecques de Sicile.

« Il n'y a rien, dit un archéologue, qui produise un plus grand effet sur les voyageurs. Il est bon, pour en jouir pleinement et l'apprécier à sa valeur, de le voir d'un peu loin : c'est le caractère des monuments grecs qu'ils sont faits pour la place qu'ils occupent et que leur situation est un des éléments de leur beauté. Ici le temple s'élève sur une hauteur; la colline même sur laquelle il est bâti lui

COUVENT DE SAN MARTINO.

sert de piédestal; il fait corps avec elle, il en est le couronnement, et, si l'on veut l'en isoler, on le tronque ou on le mutile. Son aspect change entièrement suivant le côté d'où on le regarde... Du pied du Monte Barbaro, on le voit de face; son fronton s'applique sur une belle montagne qui se dresse par derrière et lui sert de toile de fond. Il paraît alors plus ramassé, plus puissant, plus sévère. Cette qualité est celle qui domine à mesure qu'on approche. Il peut même se faire que l'ensemble, quand on est tout près, semble d'abord lourd et trapu. Les colonnes, comme dans tous les temples siciliens, sont très rapprochées les unes des autres, moins élancées, plus massives que dans les édifices de la Grèce propre. Mais songeons que les ar-

MONREALE.

chitectes avaient à résoudre ici un problème difficile : ils bâtissaient avec des matériaux inférieurs sur un sol agité et mouvant. Ils se sont résignés à faire leurs monuments un peu moins légers pour qu'ils fussent plus solides; et ils y ont réussi, puisqu'ils existent encore. C'est du reste un défaut auquel on s'habitue vite; la première surprise passée, on admire sans réserve cette noble architecture dorique si sobre, si vigoureuse, si claire, si rationnelle, où il n'y a pas un ornement qui ne s'explique, pas un détail qui ne concoure à l'effet de l'ensemble, et qui est une satisfaction pour l'esprit autant qu'un régal pour l'œil. »

Quant au théâtre, admirablement conservé aussi, avec son orchestre, sa scène, ses gradins, ses escaliers, c'est assurément le plus beau de Sicile, après celui de Taormina, et la vue y est également splendide. Établi au fond d'un cirque de montagnes aux lignes tour à tour majestueuses et bizarres, il a devant lui la plaine qui s'étend jusqu'à la mer et que borne Castellamare, l'ex-havre de Ségeste. Pas un village, pas même une maison ne rompt la solitude du site; seuls, quelques pâtres à demi sauvages errent dans ce paysage tourmenté.

Reprenons maintenant notre route au nord-est. Alcamo, que nous rencontrons non loin de Calatafimi, est relativement une grande ville, peuplée de près de 40,000 habitants. C'est une cité toute musulmane d'aspect, avec de longues murailles blanches à créneaux, des portes moresques, des bâtiments de briques rouges aux fenêtres soigneusement closes. Le canton, du reste, n'est pas des plus sûrs pour le voyageur; c'était naguère le quartier général de ce banditisme sicilien, dont je parlerai ci-après; à ce seul symptôme, on sent qu'on approche de Palerme.

Monreale, sis plus au nord-est, sur une colline de 350 mètres d'élévation, est une ville de 15,000 âmes, dont la population, en majeure partie, est de souche sarrasine. Le Dôme, dédié à la Vierge, et construit dans le style de Saint-Marc de Venise, est un des édifices les plus remarquables de la Sicile; il est surtout célèbre en Europe par le couvent de Bénédictins qui en forme l'annexe du côté ouest, et dont le cloître offre une colonnade de 216 piliers d'une élégance et d'un fini sans pareils. A une lieue environ de Monreale, dans les replis solitaires du mont Caputo, se trouve une autre maison du même ordre, à laquelle en arrive par une belle route bordée d'oliviers, d'aloès et de figuiers d'Inde : c'est l'ex-abbaye de San Martino, fondée, dit-on, au VIe siècle, par Grégoire le Grand. Ses moines, tous de noble extraction, se vantaient d'être la communauté la plus opulente de Sicile. Aujourd'hui, cette surperbe résidence est transformée en une colonie agricole.

CHAPITRE XVII

Aspect du golfe de Palerme ; le mont Pellegrino. — A travers la ville ; évocation des âges disparus. — Les Vêpres Siciliennes. — Monuments et villas. — La pêche au thon. — La *Maffia* et les *Maffiosi*. — La Conca d'Oro. — De Palerme à Cefalu. — Les îles Eoliennes. — Aux ruines de Tyndaris. — Le promontoire de Milazzo ; dernier regard sur l'histoire et les côtes de Sicile.

I

Après le golfe de Naples, celui de Palerme est assurément le plus beau de la Méditerranée. Deux gigantesques rochers aux formes bizarrement déchiquetées le délimitent au nord-ouest et au sud-est, comme les îles d'Ischia et de Caprée arrêtent le dessin de la baie vésuvienne : l'un est le mont Pellegrino, l'*Erkté* des anciens, massif calcaire aux reflets de saphir, à peu près de la même hauteur que celui de Gibraltar (672 mètres), et bordé, comme ce dernier, de précipices inaccessibles ; l'autre, moins élevé de moitié, est le mont d'Aspra ou de Catalfano, que terminent deux promontoires avancés, le Mongerbino et le Zaffarana. Entre ces deux éperons arides s'étend la courbe majestueuse du port, dont l'échancrure est partagée en deux bassins inégaux par la vieille forteresse de Castellamare (Château de la mer).

La ville, d'un pourtour de 22 kilomètres environ, forme une sorte de quadrilatère dont le côté le plus trapu est au sud, vers la petite rivière Oreto, laquelle débouche dans la mer près de la batterie de Saint-Erasme. En arrière du creux où s'étale le massif urbain, prolongé au loin par le semis des villas, se dressent d'autres sommets glabres dont l'aspect ne fait que mieux saillir la luxurinate végétation de cette plaine côtière, à laquelle on a donné l'appellation poétique de Conque d'Or (Conca d'Oro).

Au sortir de ce monde silencieux de ruines que nous venons de parcourir depuis Sélinonte et Ségeste, l'image de cette grande ville si vivante et si gaie produit une impression singulière. « Palerme l'heureuse » ne mérite pas seulement son surnom par son admirable climat et l'éblouissante lumière de son ciel; elle est aussi, en tant que cité, un joyau composite sans pareil. L'écheveau de ses rues étroites et tortueuses est divisé en quatre quartiers ou *rioni* à peu près égaux par deux vastes artères bien alignées (cours Victor-Emmanuel et via Macqueda), qui, du nord au sud et de l'ouest à l'est, se coupent régulièrement en croix au carrefour des Quattro Canti. Les maisons, aux balcons cintrés, au fenêtres ornées d'accessoires en saillie, ont un caractère original et plaisant qui frappe dès l'abord l'étranger. L'air éveillé de la population, l'animation intense des rues, sillonnées d'innombrables charrettes à la caisse comme aux roues bizarrement peintes et ouvragées, que traînent des chevaux ou des mules attifés de la plus coquette façon, tout, pour le nouveau venu, est matière à surprise. Pour comble d'émerveillement, du tas pressé des constructions anciennes ou modernes s'élancent d'incomparables édifices, chefs-d'œuvre de sculpture et de mosaïque, où tous les styles, byzantin, latin, arabe, normand, espagnol, se marient pour le plaisir des yeux. Le soir surtout, quand les coupoles dorées des églises et les crénelures des palais étincellent dans l'air parfumé, sous les rayons de la pleine lune, tandis que la masse du Pellegrino se détache en noir sur le ciel, l'ensemble a quelque chose de magique.

Telle devait être déjà, aux temps lointains d'Himilcon, alors que Palerme (*Panormus*) était le chef-lieu des possessions siciliennes de Carthage, non encore évincée par Rome, la féerie du décor et du site. Mille ou douze cents ans après, quand les Sarrasins s'établirent à leur tour sur ces rivages de la mer Tyrrhénienne, la cité, devenue capitale d'un puissant émirat aglabite, fut plus florissante que jamais. Lorsque les Normands en firent la conquête, vers le milieu du XIe siècle, elle possédait, dit-on, plus de 200 mosquées. Plus tard encore, sous Frédéric II, le grand Hohenstaufen, dont le souvenir est resté partout vivant à Palerme, cette ville continua d'être un des

PALERME. — LE MONT PELLEGRINO.

centres les plus brillants de l'Europe. J'ai dit[1] comment finit l'épopée des sultans de la maison de Souabe au delà des Monts. Contre l'hérétique Mainfroi, fils naturel de Frédéric II, le pape appela tour à tour deux princes de l'Europe septentrionale. C'était le temps où les chefs de la chrétienté disposaient presque à leur gré des couronnes. Innocent IV, s'adressant d'abord au roi d'Angleterre Henri III, lui offrit la couronne des Deux-Siciles pour son second fils Edmond. Celui-ci accepta l'offre, et prit même le titre de roi; mais, quant à saisir le gage matériel de sa royauté italienne, les barons anglais ne le lui permirent pas. L'aristocratie d'outre-Manche avait en tête une affaire plus sérieuse et d'un intérêt plus immédiat que cette chimérique et lointaine entreprise; elle s'occupait d'obtenir la confirmation de la Grande-Charte et de fonder les droits souverains du Parlement britannique : aussi refusa-t-elle nettement les subsides qui lui étaient demandés pour cette expédition périlleuse. Innocent IV se retourna alors vers la France et convia à se lancer dans la lice le frère de saint Louis.

II

Vainqueur de Mainfroi, puis de Conradin, Charles d'Anjou ceignit donc la couronne des Deux-Siciles; mais son despotisme et ses extorsions ne tardèrent pas à lui aliéner toute la population insulaire, qui ne lui pardonnait pas d'ailleurs de délaisser systématiquement Palerme pour Naples. Le fier chevalier de la maison de France rêvait, on le sait, de conquérir l'Orient, de ravir à l'empereur Paléologue le trône de Constantinople. Contraint deux fois d'ajourner l'exécution de son plan, il venait, en 1282, de le reprendre sur de nouveaux frais; une flotte réunie à Brindes se disposait à cingler vers les rives convoitées du Bosphore, quand une catastrophe aussi imprévue que terrible mit son ambitieux projet à néant et lui coûta du même coup la moitié de ses États.

Pour rassembler des forces suffisantes à la réalisation de ses visées,

1. Voyez ci-dessus, pages 187 et 188.

Charles d'Anjou avait dû redoubler de violences et de spoliations à l'égard de ses sujets de Sicile. Les barons s'étaient vus obligés de fournir, coûte que coûte, les subsides et les contingents que le maître réclamait d'eux, les vassaux, de gré ou de force, avaient dû rallier l'armée conquérante. Aussi le peuple aussi bien que les nobles, résolus enfin de secouer le joug s'étaient-ils tournés vers le roi Pierre III d'Aragon, qui avait épousé une fille de Mainfroi et recueilli à sa cour les Siciliens de marque proscrits par le prince augevin.

Pierre III équipait à Tarragone une flotte dont la destination demeurait inconnue, quand arriva en Sicile ce fameux Jean de Procida, noble et médecin de Salerne, dont le touriste peut voir le portrait dans la cathédrale de cette ville. Avec d'autres conjurés, et notamment Alaimo de Lentini, dont la femme parcourut toute l'île, déguisée en moine, Procida organisa un vaste complot en vue d'une insurrection générale. Ce ne fut pas cependant cette conspiration qui amena les effroyables massacres connus sous le nom de *Vêpres Siciliennes*. Un incident étranger au complot précipita inopinément l'explosion de l'ire populaire.

En vue des fêtes de Pâques qui devaient comme toujours attirer à Palerme une affluence extraordinaire, défense avait été faite de porter aucune espèce d'armes. Or, pour qui connaît le Sicilien, cette interdiction équivalait, et équivaudrait encore aujourd'hui, à la plus mortelle des injures. Un Palermitain sans un couteau au moins sous sa veste ne se comprend pas plus qu'un cactus sans épines. Toujours est-il que la fête de Pâques, qui, en cette année 1282, tombait le 31 mars, fut célébrée avec la pompe accoutumée, et le peuple se répandit joyeusement dans toutes les campagnes d'alentour, sans que nul trouble marquât la journée du dimanche. Le lendemain lundi, d'autres disent le mardi, les Palermitains allèrent aussi, comme de coutume, assister à un service dans la petite église *San Spirito* située en dehors de la ville. Après la cérémonie religieuse, la foule se dispersa au travers des prairies que baigne l'Oreto, et des danses se nouèrent sur l'herbe.

Survinrent des soldats d'Herbert d'Orléans, qui gouvernait la Sicile en qualité de vicaire de Charles. L'un d'eux, par plaisanterie peut-être, voulut fouiller une jeune fille, sous le prétexte de voir si elle n'avait pas quelque arme cachée. Devant cette insulte, la Palermitaine se mit à crier. On se jeta sur l'imprudent Provençal, qui fut égorgé, et immédiatement, prise d'une sorte de délire de meurtre, la multitude, faisant arme de tout, se rua sur les *Ferracani*[1] en hurlant : « Mort aux Français ! » On a dit qu'à ce moment les cloches sonnaient les vêpres à l'église du Saint-Esprit. 200 Français périrent

CATHÉDRALE DE PALERME.

là sur place ; après quoi on courut à Palerme, et l'on cerna toutes les maisons où se trouvaient des Français. Pas un n'échappa à la mort. Le gouverneur de la ville, Jean de Saint-Rémy, avait pu se sauver à Vicari ; on le rattrappa, et on le tua également.

L'exemple donné par les Palermitains fut suivi dans toute la Sicile. Le massacre eut lieu, à Cefalu le 3 avril, à Catane le 4. En dix

1. C'était le sobriquet injurieux que les Siciliens appliquaient aux Français, lesquels, de leur côté, traitaient les insulaires de *Patarini*.

jours, l'île entière fut purgée d'étrangers. La dernière ville à se soulever fut Messine, où le vicaire de Charles s'était réfugié sous la protection d'un corps de troupes; néanmoins, le 28 avril, l'explosion,

PORCHE OCCIDENTAL DE LA CATHÉDRALE DE PALERME.

contenue jusque-là par la présence des soldats, éclata plus terrible encore qu'à Palerme.

On a évalué à 28,000 le nombre total des victimes. Seule, la bourgade de Sperlinga, sise au centre de l'île, sous les hautes croupes de l'Artesino, refusa de prendre part à cette furie d'égorgement; trois cents Français qui s'étaient réfugiés dans les souterrains du château, à l'approche de l'armée révolutionnaire venant de Palerme, furent sauvés par les habitants; une inscription en latin placée sur une porte du castello consacre le souvenir du fait. On a prétendu aussi que les gens de Calatafimi épargnèrent, en considération de sa bonté et de ses vertus, leur gouverneur Guillaume Porcellet ainsi que sa famille; mais, en Sicile même, l'assertion est fort contestée.

A la nouvelle de ces événements, Charles d'Anjou, enflammé de colère, tourna sa vengeance contre Messine; ce fut sur elle qu'il lança les forces qu'il avait destinées à la conquête de Constantinople; il échoua cependant, malgré ses efforts, et ne put empêcher le roi d'Aragon de débarquer et de s'installer en Sicile. Ses flottes furent battues; son fils aîné, le prince de Salerne, fut fait prisonnier, et lui-même, trois années après, se vit emporté par une fièvre.

A la dynastie aragonaise succéda, en 1409, la castillane, qui dura jusqu'en 1516, époque où Charles-Quint réunit la Sicile à la couronne d'Espagne. Dès lors, l'île cessa d'avoir une existence politique à part.

III

De toutes ces vicissitudes, Palerme a gardé, je l'ai dit, un cachet mixte sans équivalent dans aucune autre cité d'Europe. Les vice-rois et les princes des trois derniers siècles ont eu beau essayer de la marquer à l'empreinte de leur domination; les images de Charles-Quint et de ses successeurs ont beau se dresser sur la place centrale des Quatro Canti, au milieu des statues des saisons et des vierges protectrices de Palerme : plus archaïque et plus vénérable est l'effigie que la ville porte au front. Avec les débris de ses tours effilées comme des minarets, ses restes de bains mauresques, ses édifices religieux incrustés d'or du faîte à la base et reposant sur des colonnes ravies aux temples des dieux antiques, le chef-lieu de la Sicile est demeuré avant tout la ville orientale qu'elle avait été avant de devenir la Palerme hispano-italienne que l'on sait. Son Château ou Palais Royal, sorte de forteresse qui la domine, rappelle encore la primitive construction de l'âge normand, et conserve sa vieille tour Pisane (ou de Santa Ninfa), transformée depuis un siècle en Observatoire. Là est cette fameuse chapelle Palatine dont l'intérieur, éclairé d'un demi-jour crépusculaire, est tout revêtu de mosaïques et de marbres précieux, et présente encore à

PALERME. — LA ZIZA.

sa voûte des inscriptions arabes tirées du Coran. Le Dôme lui-même, la Matrice, c'est-à-dire l'Église-mère (Santa Vergine Assunta), a été bâti au XIIe siècle sur les ruines d'une ancienne basilique dont les Sarrasins avaient fait une mosquée; tous les styles, corinthien, normand, byzantin, mauresque, ogival, marient leurs décorations harmonieuses dans cette sorte d'Alhambra catholique dont la nef longue et étroite, avec ses deux ailes en avance, est surmontée de flèches légères. Saint-Jean-des-Ermites, qui date du même temps, est un édifice à cinq coupoles dans le goût oriental pur, ayant l'aspect extérieur d'une mosquée. La Martorana est également une construction du roi Roger, modernisée tant bien que mal, et qui a toujours son campanile primitif. Le Musée national, établi dans un ancien couvent, intéresse surtout par les objets d'art provenant de fouilles faites sur les emplacements de Sélinonte, de Solunte, et des autres cités grecques de Sicile. Quant aux palais particuliers sis dans la ville même, deux ou trois seulement sont remarquables : le palais Bancina, avec son ornementation intérieure d'arabesques d'or, de mosaïques et de pierres précieuses, celui du duc d'Aumale, avec ses vastes et splendides fourrés d'orangers et de citronniers, et le palais Paterno, où résida Charles-Quint.

Le long de la mer, s'étend, de la porte Felice au jardin de la Flora, la superbe promenade de la Marina, que commande au nord-est la haute forteresse naturelle du Pellegrino. Cette montagne, où jadis Hamilcar Barca résista, trois années durant, à tous les efforts d'une armée romaine, n'a pas moins de vingt kilomètres de circonférence. Près de son sommet se trouvent la grotte-chapelle et la statue colossale de sainte Rosalie, la patronne des Palermitains. L'escalade du piton central ne laisse pas d'être assez fatigante ; mais aussi quel panorama se déroule de là aux regards ! Tout en bas s'étale la grande cité, avec ses rues, ses places, ses routes qui s'enfoncent au loin dans les vallées ou se tordent en lacets aux flancs des hauteurs, ses blanches villas nichées dans des bauges de verdure, la Favorita chinoise avec son entourage d'édicules, la Ziza mauresque, la Cuba, le palais champêtre du prince Belmonte, et ce couvent des Capucins dans le cimetière souterrain duquel s'alignent funèbrement aux murs des milliers de corps desséchés, encore revêtus de leurs habits. N'oublions pas, là-bas, au-dessous du cap Zaffarana, ce délicieux nid qu'on nomme Bagheria, et les ruines grandioses de Solunte, l'antique cité phénicienne qui est une des joies des archéologues.

IV

Le port de Palerme n'est plus l'immense havre, pénétrant au loin dans les terres, où s'ancraient jadis les flottes de Carthage. Le plus gros de son mouvement lui vient aujourd'hui du cabotage ; mais c'est toujours une admirable échancrure. Il y a une époque de l'année surtout où la radieuse baie offre une animation sans pareille ; c'est à la mi-mai, alors qu'on s'y livre à la pêche au thon.

Le thon, que nous ne connaissons guère à Paris qu'à l'état de marinade à l'huile ou de pâté, est un poisson d'une taille de deux mètres et plus[1], au dos noirâtre, au ventre argenté, le corps épais et arrondi, le thorax revêtu d'un corselet d'écailles, avec un museau pointu et une gueule largement fendue. On a retrouvé son image gravée sur un certain nombre de médailles byzantines. Les Grecs l'avaient consacré à Diane. A Carthage, où sa chair était fort estimée, c'était un des mets de choix qui figuraient dans les festins d'hyménée. Tous les ans, vers le milieu du printemps, ce puissant nageur, qui vit d'ordinaire à une profondeur de trente ou quarante mètres, longe en troupes innombrables les côtes de la Méditerranée où son approche est, dit-on, annoncée par les défilés de sardines et de maquereaux. Le bruit de sa queue sur les flots s'entend de fort loin.

Pour les *marinari* de Palerme, cette pêche est une véritable fête. Le moment venu, des flottilles de barques s'occupent d'arrêter au passage ces convois de bêtes voyageuses.

Voici de quelle façon l'on procède. Au moyen de deux cordes parallèlement tendues (*intitole*), on trace dans l'eau une sorte de parc, enceint d'une cloison verticale de filets qui se prolonge jusqu'à la côte. Dans cette *cerne* on plonge les rets, assujettis au fond de la mer par un attirail de lest et de pierres : c'est ce qu'on appelle la madrague (*tonara*). Cette enceinte, qu'on resserre peu à peu, de manière à pousser les thons vers la plage, est divisée en plusieurs

1. Sur les côtes de Sardaigne, on a pêché des individus de quatre et même de cinq mètres.

chambres qui rappellent le labyrinthe insidieux en usage sur l'étang de Comacchio pour la capture en masse des anguilles[1]. D'un compartiment à l'autre, les victimes arrivent ainsi à l'impasse finale dite « chambre de la mort ». Alors a lieu un massacre dont ne peuvent se faire une idée ceux qui n'y ont pas assisté. A coups de crocs et de

PALERME. — LA FAVORITA.

piques de fer, les pêcheurs assomment et perforent la malheureuse gent aquatique qui se jette d'autant plus volontiers dans les rets qu'elle a très souvent à ses trousses toute une troupe vorace de dauphins. Le sang rougit au loin la mer bleue, et rejaillit même jusque sur la rive : le tout sans préjudice des coups de queue qui renversent parfois quelques barques.

1. Voyez notre volume *Venise et la Vénétie* (Bibliothèque des Écoles et des familles, Hachette et Cie, p. 252-258.

V

La plus belle médaille a son revers : dans cette monumentale ville de Palerme, une partie de la population meurt littéralement de faim. Que de malheureux couverts de haillons on y aperçoit errant par les rues ! Que d'enfants pâles et chétifs couchent blottis sous les porches des demeures seigneuriales et sur les estrades des édifices ! Que de femmes hâves et déguenillées vous apparaissent en grappes sur le sol ! A Porto Macqueda particulièrement, et dans d'autres quartiers plébéiens, le spectacle de cette misère est horrible ; les taudis fétides et les sombres caves de la rampe Brancaccio et du Monte-Calvario à Naples n'ont certainement rien de plus écœurant. Aussi, de même que Naples a été, en Italie, le centre de la *Camorra*, Palerme a été, en Sicile, le quartier général de la *Maffia*.

On a désigné, sous ce nom de *Maffia*, un brigandage d'une espèce toute particulière qui sévissait dans les quatre provinces occidentales de la Sicile, celles de Palerme, de Girgenti, de Trapani et de Caltanisetta. A toutes les époques troubles de l'histoire de l'île, cette sinistre association a joué un rôle important. Le mal, très ancien, s'il est vrai que les *Maffiosi* aient déjà existé sous les rois normands, tient à diverses causes et, avant tout, au caractère même de la nation. Le Sicilien, plus encore que le Corse, est de sa nature réfractaire aux abstractions de l'ordre de choses dit civilisé. Deux notions lui échappent complètement : celle de l'État et celle de la justice instituée. Contre ces deux entités, il est de tout temps demeuré en guerre. L'État, pour lui, c'est son propre individu, auquel il ajoute sa famille ; son unique morale, c'est son intérêt et celui des siens. La justice, il ne l'attend de personne ; chacun se la rend à lui-même, comme aux âges de barbarie primitifs. Pour ce faire, il y a le couteau, qui, en Sicile, n'est pas réputé une arme lâche et perfide comme chez nous, et remplace l'épée du duelliste. Il existe même à Palerme, et dans d'autres grandes cités de l'île, des écoles où l'on apprend spécialement l'escrime du couteau. En face de la loi, que le peuple tient pour non avenue, s'est établi un code à l'usage de la plèbe, en vigueur dans les villes comme dans les campagnes, qui porte le nom d'*Omertà*, et dont voici un article : « A qui te prend le pain, prends la vie, — *à chi ti toglie il pane, è tu toglili la vita.* »

De cette maxime des « gens de cœur » découle tout un état de mœurs à part. Le devoir strict, pour tout *maffioso*, c'est de prendre invariablement le parti de celui qui est en délicatesse avec la société et la loi. Aussi la justice, quand elle veut se mêler d'une affaire de meurtre, ne trouve-t-elle jamais de témoins. Cette répugnance du Sicilien à témoigner devant le prétoire est loin de dater d'hier, car Cicéron constate déjà le fait dans ses *Verrines*. La victime elle-même garde le silence, non seulement par crainte de la *vendetta*, mais encore par une sorte d'instinct chevaleresque et de scrupule quasi religieux qui lui défendent, quoi qu'il arrive, de trahir ses co-initiés. C'est le mot d'ordre accepté de tous.

A Palerme donc et aux environs, la *Maffia* était une sorte de société de « secours mutuels » où entraient non-seulement tous les fainéants et batteurs d'estrade qui entendaient vivre sans travailler, mais encore, si étrange que la chose paraisse, nombre de gens qui, à l'ordinaire, exerçaient ou semblaient exercer un métier. A l'occasion, tous ces adhérents du *malandrinaggio* (c'est l'autre nom de la *Maffia*), s'entendaient pour « faire un bon coup », puis, le coup fait, reprenaient leur train d'existence apparent.

Cette société occulte avait et a sans doute encore une organisation complète, des statuts, des rites, des signes de reconnaissance, et, bien entendu, un argot. Que le mot de *maffia* vienne ou non du grec *mafiale*, qui signifie « serment prêté la coupe à la main », toujours est-il que les membres passaient par un apprentissage en règle ; pour devenir compère (*compare*) il fallait subir le « baptême entre deux poignards en croix et une tête de mort ». Au-dessus des compères étaient les anciens (*anziani*); les novices recevaient le nom de *picciotti listi*, petits rusés. Le mot d'ordre, qui changeait souvent, devait être précédé d'un signe conventionnel qui consistait à porter la main à la bouche. La reconnaissance ainsi faite, le *maffioso* disait à son co-initié :

« *Mi duole*, j'ai mal — *Che vi duole?* où avez-vous mal? — *Il dente canino*, à la dent canine. »

Ce dialogue expressif suffisait : les deux compères pouvaient se fier l'un à l'autre.

Le gouvernement italien moderne a eu beau instituer contre la *Maffia* une justice extraordinaire; en 1877, on a encore compté en Sicile plus de dix mille assassinats, séquestrations, actes de violence, extorsions à main armée, par le fait du *malandrinaggio*. Aujourd'hui même, le pays est loin d'être sûr; plus d'un propriétaire qui veut aller récolter son blé, son raisin, ses citrons, ses olives, est obligé de payer un droit de passage aux routiers. Qu'il survienne, un jour ou l'autre, quelque trouble grave, et la *maffia* pourrait refleurir de plus belle.

Ce brigandage diffère cependant, par son caractère, de celui qui terrorisait naguère les provinces napolitaines; là, c'était par de grandes troupes tenant la campagne que les malandrins opéraient surtout; en Sicile au contraire, il ne s'est que rarement formé de grosses bandes. Il convient toutefois de mentionner celle du fameux Leone, dont l'épopée est encore toute récente. Cette homme inspirait une telle terreur dans toute la région de Palerme qu'il lui suffisait de solliciter poliment et par pli postal une somme d'argent à son gré pour qu'on la lui fît tenir à l'instant. Quand le préfet Malusardi, expressément chargé d'en finir avec lui, arriva en Sicile, Leone lui envoya sa carte avec ses plus suaves compliments. Bien plus, on cite une dame russe qui, poussant, paraît-il, le dilettantisme jusqu'à désirer de faire connaissance avec le brigand, adressa sa lettre au préfet lui-même, avec cette mention : « faire suivre ».

En 1887 enfin, Leone fut tué de deux balles, après avoir résisté pendant trois heures aux carabiniers qui le cernaient. Le banditisme sicilien est-il mort avec lui? Des nouvelles récemment arrivées (avril 1889) des rivages de l'antique Trinacrie ne permettent guère de le supposer.

VI

Dans l'intérieur de la Sicile, le paysage a, nous l'avons vu, au plus haut degré le caractère virgilien et antique; depuis des siècles, les traits et les couleurs du site n'ont point changé. Ce sont toujours les

SITE DE LA CONQUE D'OR.

mêmes oliviers au tronc crevassé et tordu, au feuillage d'un gris sale, tentant, des bas-fonds, l'escalade des collines, les mêmes haies d'aloès bordant des champs d'avoine et de seigle; puis, plus haut, des bouquets de chênes-verts, de myrtes, de caroubiers, essaimant en taches sombres sur les pelouses de gazon court qui tapissent la montagne; enfin, au sommet de celle-ci, des escarpements de roches calcaires au assises brûlées et rougies.

Quelques plaines seulement interrompent les ressauts de ce sol accidenté avant tout : celle de Catane, celle de Terranova, celles de Licata et de Milazzo, et si l'on veut aussi, la Conca d'Oro qui entoure Palerme. Cette dernière n'a plus, il est vrai, sa superbe forêt de palmiers d'autrefois; mais elle a toujours ses merveilleux fourrés d'orangers et de citronniers. Dans le jardin de la Flora, sis au sud de la ville, vers la rivière Oreto, des arbres aux formes étranges et à la végétation tropicale se mêlent à cette flore d'*agrumi*[1]; sur la Marina, se voient en outre des plantations d'arbres de Judée.

L'oranger était inconnu des Grecs et des Romains. L'arbuste ordinaire, à oranges amères, fut importé en Italie et en Sicile par les Sarrasins vers l'an 1000, et ensuite acclimaté en Espagne. Quant à l'oranger à fruits doux, originaire de Chine et de Cochinchine, il ne fut, ainsi que le mandarinier, cultivé en Europe que beaucoup plus tard. Mais nulle part le précieux plant n'a mieux réussi que près de Palerme. C'est une véritable fête pour les yeux que de contempler dans l'immense plaine de la Conque d'Or ces frondaisons aux reflets métalliques et piquées de points d'or dont l'arome embaume l'atmosphère. Il faut dire que le Palermitain soigne et irrigue à souhait ces essences parfumées, que ne menacent, hélas ! que trop de maladies, entre autres le *pidocchio* (pou), espèce de cochenille qui s'introduit dans le zeste des *agrumi*, le *nero* ou mal noir, sorte de poussière due à un cryptogame dangereux, et la *gomma* ou gomme, écorchure séveuse qui finit par tuer l'arbre. Malgré la richesse de son sol, le paysan sicilien est pourtant loin d'être heureux. A l'époque de la conquête normande, toutes les terres furent confisquées par les vainqueurs et partagées entre le roi, l'Église et les nobles. Une grande partie en fut ensuite recédée aux *contadini* par bail emphy-

1, Voyez ci-dessus, la note de la page 92.

téotique, sous la redevance d'un cens annuel. Aussi, jusqu'à nos jours, n'a-t-il existé dans l'île que deux classes, les nobles et les paysans. Depuis quelque temps seulement, il commence à se former une catégorie de paysans propriétaires qui se substituent peu à peu aux anciens barons féodaux, possesseurs des *latifondi*; mais le progrès est encore peu sensible; la *malaria* ou la sécheresse rend d'ailleurs toute culture impossible sur d'immenses étendues de terrain, et souvent aussi l'ouvrier rural habite des villages ou des hameaux trop éloignés des portions de sol arable.

VII

Une voie ferrée, qu'on s'occupe actuellement de prolonger sur la côte nord jusqu'à Messine, relie Palerme à Termini et à Cefalu. Ce chemin traverse, au sortir de la ville, la plus belle partie de la Conca d'Oro. A droite, se dressent les escarpements rocheux du mont Griffone; à gauche, vers le littoral, s'étend un splendide ourlet de verdure. Passé l'aqueduc de Ficarazzi, la route atteint par une longue rampe la petite ville déjà nommée de Bagheria; puis, laissant de côté les ruines de Solunte, elle arrive à Santa Flavia. La localité qu'on trouve plus loin, au delà de plusieurs promontoires, se nomme Trabia : c'est une petite ville du moyen âge avec de hautes tours crénelées.

De là, le chemin de fer, continuant de longer la côte, franchit le torrent de San Leonardo, en aval d'un pont d'une seule arche décoré de bas-reliefs, qu'on vante avec raison comme une des merveilles de la Sicile.

Termini la *splendidissina*, comme on l'appelle, — jadis les Thermes d'Himera (*Thermæ himerenses*), — s'élève de l'autre côté du torrent, sur une terrasse escarpée que projette en forme d'éperon vers la mer la belle montagne de San Calogero. L'anse qui s'arrondit à sa base sert de port à la vieille cité, dont les maisons descendent en amphithéâtre jusqu'à la plage. Les eaux chaudes auxquelles cette colonie grecque avait dû son nom jaillissent dans la ville même, tout près du rivage. Ce fut à elles que le divin Hercule, las d'avoir

LIPARI.

chassé devant lui les bœufs du Soleil, vint, dit-on, redemander la souplesse de ses membres. Quelle plus belle « réclame » les médecins et les industriels de la Termini moderne pourraient-ils inventer pour leurs ondes thermales, le jour où ils s'occuperont sérieusement d'en faire valoir les vertus curatives?

Au sortir de Termini, le railway, décrivant une courbe vers le sud, remonte, le long d'un rideau d'*eucalyptus globulus*, la rive du Fiume Torto jusqu'à Cerda; à gauche, à 7 kilomètres de la station

PONT DE SAN LEONARDO.

du même nom, apparaît la petite ville haut perchée de Montemaggiore, puis un plateau nu et désert qui s'est fait un nom dans l'histoire. C'est celui où se dressait autrefois la grande cité grecque d'Himera, devant laquelle périt Hamilcar. 35 kilomètres plus loin, au pied d'un énorme rocher à pic surmonté d'une citadelle en ruines, se trouve la ville de Cefalu, une des localités les plus importantes de cette côte (15,000 habitants). Elle possède une cathédrale du XIIIe siècle et des restes de murs cyclopéens qui ne sont pas près de céder au temps.

Naguère encore, pour se rendre de Cefalu à Milazzo, le touriste prenait d'ordinaire la route de mer. Bien que le bateau à vapeur ne partît que tous les huit jours, c'était encore une façon d'aller préférable à l'horrible trajet à dos de mulet, sur un bât brûlant, à travers les lits de torrents caillouteux. Aujourd'hui, en attendant l'achèvement du chemin de fer, une route carrossable a remplacé presque

LES ILES ÉOLIENNES.

partout, sans préjudice des éboulis, le vieux sentier de pure essence sicilienne.

Mais, que de rampes à gravir et à redescendre! que de promontoires aux pans bizarres, que de forêts aux chevelures étranges il faut traverser! Les localités sises sur cette section du littoral portent les noms harmonieux de Castel di Tusa, San Stefano, Caronia, Acque Dolci, Santa Agata, Capo d'Orlando, Naso et Brolo. Du Capo d'Orlando, qui, entre ces deux dernières, baigne dans les flots son mince pédoncule, la vue, par un beau jour, est incomparable : à gauche, le rivage déchiqueté qui va vers Palerme; à droite, un immense horizon jusqu'aux sommités de la Calabre; au sud, le rempart des monts Neptuniens, par dessus lesquels apparaît la cime blanche de l'Etna; au nord enfin, à une trentaine de kilomètres au large, le groupe des îles Eoliennes, amas de laves vitrifiées, de cendres et de pierres-ponces, d'où émergent des cônes volcaniques dont deux sont encore en activité.

VIII

Cet archipel, jadis réputé la demeure d'Eole, le dieu des vents,

STROMBOLI.

se compose de sept îles principales et de dix îlots tout petits avec une population totale de 20,000 âmes environ. Volcano, la plus méridionale, est entièrement désolée; une quinzaine d'ouvriers, employés à l'extraction du soufre et de l'alun, y entretiennent seuls un peu de mouvement. Son cratère, qui n'a pas cessé de fumer, est plus vaste que celui de l'Etna, et mesure un circuit de plus d'un kilomètre. Lipari, la plus grande terre du groupe (40 kilomètres de long sur 7 environ de large), est plus peuplée, et produit en quantité des figues et des raisins excellents. La petite ville du même nom, qui s'élève à sa côte est, ne compte pas moins de 5,000 habitants. Ses maisons, à terrasses, lui donnent une sorte d'aspect oriental. Plus haut, s'alignent, de l'est à l'ouest, Salina (6,000 habitants), Filicudi (1,000), Aliculi (400); un peu au-dessus encore, est Panaria, flanquée elle-même de plusieurs écueils moindres, et, tout à fait au nord de l'agglomération, en face du golfe calabrais de Sainte-Euphémie, le volcan de Stromboli (2,000 habitants), montagne d'un millier de mètres de hauteur, jetant continuellement des flammes, parfois même des pierres, et dont l'embrasement éclaire de nuit la mer d'alentour. Une légende du moyen âge plaçait là l'entrée du purgatoire. Enfin, à une grande distance à l'ouest, juste en face de la baie de Palerme, et à quatre heures de ce port en bateau à vapeur, émerge l'îlot d'Ustica (2,000 habitants), dont le plus haut sommet dépasse en altitude Stromboli.

Franchissons deux golfes encore : nous voici aux ruines de Tyndaris, cité fondée par Denys l'Ancien 400 ans avant Jésus-Christ. Il n'en subsiste que d'insignifiants vestiges, le rocher qui portait la ville s'étant un beau jour abîmé dans les flots. De l'antique Milæ, — aujourd'hui Milazzo, — que nous trouvons six kilomètres plus loin, il reste moins encore; mais la longue péninsule granitique qui se projette ici à plus de deux lieues en mer, à la rencontre de l'île Volcano, n'a rien perdu de son intérêt légendaire et de sa richesse géologique. Dans les découpures de ses falaises s'ouvre une grotte gigantesque qui traverse, dit-on, toute la langue de terre sur une étendue de plus de mille mètres. Au-dessous de la citadelle de Milazzo, on montre au touriste une autre caverne qni serait tout simplement celle où, aux temps héroïques, se retiraient pendant la nuit les bœufs du Soleil. Puis, à côté de la fable, se place l'histoire. C'est dans cette baie de Mylæ, à deux pas du phare de Messine, que le consul romain Duilius, il y aura bientôt vingt-deux siècles, remporta, grâce aux éperons de ses galères, sa fameuse victoire navale sur les Carthaginois. Plus récemment, en juillet 1860, la petite armée de Garibaldi battait, sur cette même côte, les troupes napolitaines du général Bosco; seulement, cette fois, ce n'était plus Rome qui préludait à la conquête de l'Italie : c'était, par un bizarre retour de la politique et de la fortune, l'Italie elle-même qui se préparait à reconquérir Rome.

FIN

TABLE DES MATIÈRES

Imprimeries réunies, B, rue Mignon, 2.

www.ingramcontent.com/pod-product-compliance
Ingram Content Group UK Ltd.
Pitfield, Milton Keynes, MK11 3LW, UK
UKHW020310230726
13925UKWH00001B/318

9 782013 670753